ÁRVORES
nativas do
BRASIL

Volume 3

Copyright © Silvestre Silva, 2015
Todos os direitos reservados para

Editora Europa
Rua Alvarenga, 1416 – CEP 05509-003 – São Paulo, SP
Telefone (11) 3038-5050
sac@europanet.com.br
www.europanet.com.br

Diretor Executivo Luiz Siqueira
Diretor Editorial Roberto Araújo

Autor Silvestre Silva
Editora Gabi Bastos
Redação dos textos Silvestre Silva e Gabi Bastos
Revisão de texto Eliane Domaneschi
Edição de arte Jeff Silva
Digitalização de imagens Andréa Gomes
Consultoria botânica Valerio Romahn

Dados Internacionais de Catalogação na Publicação (CIP)
(Daniela Momozaki – CRB8/7714)

Silva, Silvestre
 Árvores nativas do Brasil: volume 3 / Silvestre Silva -- São Paulo : Editora Europa, 2014 (Biblioteca Natureza).

 ISBN: 978-85-7960-443-0

 1.Árvores - Brasil I.Título II. Silva, Silvestre

CDD 634.0981

Índice para o catálogo sistemático
1.Árvores : Brasil : 634.0981

Comercial
Fabiana Lopes - fabiana@europanet.com.br - (11) 3038-5058

Promoção
Aida Lima - aida@europanet.com.br - (11) 3038-5118

311 espécies

É com grande orgulho e prazer que, com este terceiro volume, completamos a coleção **Árvores Nativas do Brasil**. São exatas 311 espécies cuidadosamente escolhidas por Silvestre Silva para mostrar toda a beleza e o encanto das árvores que você pode conhecer e até escolher melhor a que vai bem em seu espaço.

De todas as plantas, talvez as árvores sejam as mais complexas de serem fotografadas. Às vezes é difícil até de avistá-las ao vivo em todo o seu esplendor. As melhores espécies vivem umas misturadas às outras em bosques ou florestas, o que faz com que sejam enxergadas "aos pedaços".
Os obstáculos para retratá-las aumentam ainda mais quando são extremamente altas ou têm acesso complicado.

Como se não bastasse, estão quase que o tempo todo na contraluz do céu e são ou compridas demais para a proporção das fotos, ou muito largas. Existe também a questão do tempo certo: quando encontradas em maio, por exemplo, só ficarão no seu melhor momento em agosto, o que obriga uma nova viagem.

Todas essas dificuldades só valorizam ainda mais o trabalho de Silvestre Silva. Por ser um profissional especializado no assunto, sempre dá um jeito de unir a informação botânica com a imagem do momento mais espetacular das árvores que por aqui verdejam e florescem. É só comprovar nesta espetacular coleção **Árvores Nativas do Brasil** que a Editora Europa tem a honra de publicar.

Roberto Araújo
Editor

40 anos de expedições

Publiquei meu primeiro livro em 1991, foi sobre frutas e levou quinze anos para ficar pronto. Desde o começo, meu desejo era apresentar frutas nativas, se não tão raras, pouco conhecidas ou esquecidas pelos brasileiros. Na época, acredite, o hoje famoso açaí era apenas consumido no Pará e em outras partes da região Norte do Brasil. Encontrar essas raridades para conhecê-las e fotografá-las de perto, em diferentes estágios de amadurecimento, levava anos. Tudo era na base do boca a boca, Sudeste, Sul, Nordeste, Norte, Centro-Oeste afora.

Atualmente, com a consolidação da internet e o desenvolvimento eletrônico, o mundo mudou. Esses benefícios facilitaram as pesquisas e tornaram mais fácil encontrar as frutas e árvores raras. Além disso, para retratar grande parte das mais de 300 espécies apresentadas nos três volumes desta coleção, *Árvores Nativas do Brasil*, por exemplo, eu não precisei levar dezenas de rolos de filme para as viagens, como eu fazia antigamente. E o resultado de cada foto? De cada produção? Agora, eu posso ver na hora se tudo ficou a contento.

No entanto, nesses quarenta anos de trabalho também assisti a muitas mudanças de hábitos. Vi crescer a violência onde ela não existia. Lugares por onde eu fotografava tranquilamente, nas periferias de muitas capitais brasileiras, hoje, só posso ir acompanhado por segurança armado. Na região amazônica, especialmente no estado do Pará, as calmas navegações pelas estradas aquáticas se transformaram em verdadeiras aventuras, onde a qualquer momento é possível ser surpreendido por piratas armados, verdadeiros assaltantes.

Também constatei em inúmeras cidades grandes o desaparecimento dos pomares de outrora, com inúmeras frutíferas e plantas ornamentais interessantes. Muitos lugares em que fotografei nossa rica flora também não existem mais. Foram extintos pela expansão imobiliária, pelo agronegócio e até para a construção das mais diversas fábricas.

Em todas as minhas quinze publicações botânicas, contei com a colaboração de vários profissionais. Botânicos, técnicos, pesquisadores, caboclos, ribeirinhos, entre tanta outra gente que sempre me acolheu com muita boa vontade por esse imenso Brasil. Duas dessas pessoas marcaram minha carreira: o renomado paisagista Burle Marx, que fez um brilhante texto de apresentação do meu primeiro livro e a grande dama da fotografia brasileira Maureen Bisiliat, responsável pelo projeto gráfico e pela diagramação da mesma obra.

No entanto, outra questão relevante do cenário atual, que prejudica todos que trabalham e defendem a natureza, é o desaparecimento de muitas dessas pessoas, capazes de fazer a identificação botânica de uma planta apenas observando as folhas, a casca do tronco, as flores, os frutos e as sementes. Infelizmente, bons taxonomistas são "espécies" em extinção, tanto quanto muitos exemplares de nossa flora.

Esses profissionais formados ou autodidatas são

imprescindíveis para levantamentos botânicos quantitativos e qualificativos das espécies, inclusive para identificar as com potencial comercial. Mas, atualmente, os jovens não têm interesse em aprender com os mais velhos essa arte que é a classificação científica das espécies. Em cada lugar que chego – do Sul ao Sudeste; do Norte ao Nordeste – encontro menos pessoas aptas a me acompanhar pelas matas como guia ou identificador botânico.

Em contrapartida, percebo que o número de jovens interessados nas escolas agrícolas e nos agronegócios aumentou. As faculdades de gastronomia também se multiplicam pelo Brasil e estão cada vez mais interessadas em criar receitas com os inúmeros produtos oriundos de nossa rica flora que eram utilizados apenas pelas populações interioranas. Isso alavanca o uso e propõe mais conhecimento de nossas raízes.

Aliás, restagar as raízes socioculturais e econômicas das *Árvores Nativas do Brasil* também foi uma das minhas preocupações durante os quarenta anos em que trabalhei para levantar as espécies apresentadas nesta coleção. Que tal se inspirar em algumas dessas antigas tradições e se sentar à sombra de um ceboleiro para uma boa leitura. Os índios já se sentavam sobre suas raízes para descansar. Escravos, tropeiros, mascates continuaram a tradição. Agora pode ser você.

Silvestre Silva

Nectandra lanceolata

Canela-amarela, canela-branca, canela-da-várzea, canela-do-brejo, canela-fedorenta, ajuba, canela-nhoçara

Família *Lauraceae*

Existem dezenas de *Nectandra* espalhadas pelo Brasil. Elas são parecidas e, muitas vezes, têm os mesmos nomes populares. Por isso, é nescessário conhecer algumas características das espécies do gênero para identificá-las corretamente. A *Nectandra lanceolada*, por exemplo, tem folhas em forma de lança e florada branca e intensa, no final do inverno ou inicio da primavera. Pequenas, com apenas três pétalas carnudas e levemente tomentosas, as flores surgem nas axilas das folhas, encobrem a copa de cor e atraem borboletas e outros insetos.

Os frutos da espécie amadurecem pouco tempo depois da florada, no verão, entre dezembro e fevereiro, e são drupas com um tipo de cúpula, quase negras. Cada fruto abriga algumas sementes ovoides, duras e marrom-pintalgadas, de cerca de 15 mm de comprimento, que germinam facilmente.

Conhecida, principalmente, como canela-amarela, a *Nectandra lanceolada* mede até 20 m de altura e é encontrada do Sudeste ao Sul do país – em grande quantidade, no Vale do Paraopeba, em Minas Gerais, onde compõe grande formações. Seu tronco é retilíneo, curto, com 40 cm a 90 cm de diâmetro e recoberto por casca áspera e pardacenta. A madeira é pesada, amarelada e utilizada para diversas finalidades. A copa, bastante ramificada, é baixa e composta por folhas simples, semi-coriáceas, alternas, lisas na parte superior e tomentosas, na inferior. A folhagem mede de 12 cm a 18 cm de comprimento por até 6 cm de largura, tem o ápice acuminado e a face de baixo, de início, é rosa, mas se torna avermelhada com o passar do tempo.

Na natureza, a canela-amarela é disseminada por aves e animais que encontram os frutos caídos sob a sua copa. No campo, a propagação é feita por sementes que demoram até quatro meses para brotar. A taxa de germinação é alta e o crescimento da muda no campo é rápido. A muda pode ser plantada sob sol pleno ou meia-sombra e é indicada para recuperação de áreas degradadas, especialmente as próximas a lagos, lagoas e ribeirões. A espécie também é recomendada para o paisagismo.

As folhas são simples e semi-coriáceas. Os frutos são pequenos e ficam quase negros quando amadurecem. As flores brancas atraem borboletas

A florada ocorre entre julho e setembro e encobre toda a copa da árvore

N

Entre as espécies conhecidas como canela, a *Nectandra nitidula* é a de menor porte. No Sul e no Sudeste, as suas flores surgem entre junho e setembro

Nectandra nitidula
Canela-miúda, canela-do-mato, canela-amarela, canela-da-mata-ciliar, canela-do-ribeirão

Família *Lauraceae*

Com entre 4 m e 8 m de altura, a árvore é a menor entre as espécies conhecidas como canela. Ela habita as matas ciliares úmidas, nas proximidades de cerrados e de matas secundárias em formação, da Bahia até o Paraná. Seu tronco curto tem até 35 cm de diâmetro e é recoberto por casca pardacenta, rígida e com manchas liquênicas. Já a copa de formato irregular é formada por folhas de 5 cm a 10 cm de comprimento, por cerca de 5 cm de largura, alternas, duras, com ápice acuminado, aspecto brilhante e face inferior mais clara.

As flores da canela-miúda se formam em panículas axilares e são pequenas, brancas e levemente perfumadas para atrair abelhas e outros insetos que colaborem na polinização. Os frutos, que surgem verdes e ficam negros quando amadurecem, são bagas bem parecidas com as de outras espécies: pequenas, elipsoides e envolvidas por uma espécie de cúpula. No Sul e Sudeste, a florada ocorre de junho a setembro e os frutos amadurecem a partir do mês de dezembro.

A *Nectandra nitidula* se propaga por sementes que demoram cerca de 1 mês para brotar. A taxa de germinação é baixa e o crescimento da muda no campo, lento. É uma espécie indicada para áreas em recuperação nas proximidades de rios, riachos, lagos e lagoas.

A canela-preta chega a medir 30 m de altura, tem a casca do tronco cinza-escura e as folhas adquirem um tom ferrugíneo com o tempo. As flores são miúdas e brancas

Nectandra rigida

Canela-preta, canela-ferrugem, canela-parda, canela-bicha, canela-pinho, canela-de-folha-grande, canela-siva, canela-fedorenta, canela-dura, canela-garuva

Família *Lauraceae*

Como outras espécies do gênero, a *Nectandra rigida* é frequente no Sudeste e no Sul do Brasil, mas é e no Paraná e no Rio Grande do Sul onde compõe grandes formações, nas planícies costeiras. Com menos regularidade, ela também é encontrada na Mata Atlântica baiana e na região amazônica, principalmente do Amapá, do Pará e de Roraima.

É uma espécie de 15 m a 30 m de altura e até 80 cm de diâmetro de tronco, retilínio, de casca cinzenta, lisa, recoberta por líquens causados pela umidade e pelo calor das matas. A madeira do fuste é acastanhada, leve, macia e utilizada na construção civil e na fabricação de brinquedos, molduras, caixotarias e biombos.

A copa da árvore é arredondada e pode ser avistada de longe pelo colorido ferrugíneo da folhagem. As folhas medem entre 10 cm e 14 cm de comprimento por até 10 cm de largura e são simples, alternas, coriáceas, lisas na parte superior e com pelugem, na inferior.

As flores se formam de fevereiro a abril, em panículas axilares ou terminais, em rancemos também ferrugíneos que medem cerca de 10 cm de comprimento. Elas são brancas, pequenas, hermafroditas e polinizadas por abelhas e outros insetos. Os frutos são bagas elípticas, verdes quando imaturos e roxo-escuro ao amadurecerem – a partir de setembro –, com 1 cm a 2 cm de diâmetro e uma espécie de cúpula envolvendo a base.

Na natureza, a canela-preta é dispersada por pássaros e roedores após os frutps caírem no solo. No campo, a *Nectandra rígida* se multiplica por sementes que demoram cerca de 30 dias para brotar. A taxa de germinação é boa e o crescimento da muda no campo é lento. É recomendado cultivá-la na sombra ou meia-sombra.

Nos Canions de Itararé, divisa de São Paulo com o Paraná, é possível distiguir as canelas pelo tom ferrugíneo da folhagem

Ocotea odorífera

Canela-cheirosa, canela-sassafrás, canela-funcho, canela-grande, canela-parda, casca-preciosa, sassafrás-brasileiro, sassafrás

Família *Lauraceae*

Devido ao seu óleo essencial, chamado de safrol, muito utilizado na produção de cosméticos, perfumes e produtos medicinais, a árvore tem grande valor econômico. A madeira também é aproveitada na confecção de barris de cachaça por proporcionar um agradável odor à bebida. Por isso, entre as canelas brasileiras, ela é a mais conhecida.

A canela-cheirosa habita a Mata Atlântica da Bahia até o Rio Grande do Sul e era comum nas florestas de araucárias do Paraná até a década de 1970. Mas como foi amplamente explorada, ela consta da lista de espécies ameaçadas de extinção nessa região.

É uma espécie com porte de 10 ma 25 m, tronco curto de até 1,20 m de diâmetro e copa arredondada, densa e baixa. Características que tornam fácil identificá-la. As folhas são simples, alternas, com 15 cm de comprimento por 5 cm de largura, formato elíptico-lanceolado e odor característico quando são maceradas.

As flores se formam em panículas terminais e são pequenas, branco-amareladas, hermafroditas e com perfume forte que atrai especialmente as abelhas. Os frutos são bagas de cerca de 2,5 cm de comprimento por 1,2 cm de diâmetro, com cúpula até a metade de sua extensão, como nas outras canelas. Eles caem naturalmente ao amadurecer e abrigam uma semente aromática que serve de alimento para pássaros e outros bichos, que ajudam na dispersão da espéce. A época de floração varia de acordo com a região: no Sul e Sudeste, as flores surgem de dezembro a fevereiro e os frutos ficam maduros a partir do mês de junho.

A propagação é feita por sementes que demoram cerca de 2 meses para brotar e podem ser armazenadas por até 5 meses. Porém a taxa de germinação é irregular. O crescimento da muda no campo é considerado moderado.

Ocotea porosa
Imbuia, umbuia, imbuia-amarela, imbuia-clara, imbuia-escura, imbuia-preta, imbuia-lisa, imbuia-parda, canela-de-imbuia, canela-de-broto

Família *Lauraceae*

Esta espécie é típica das florestas ombrófilas mixtas ou das matas de araucárias, principalmente de Santa Catarina. Nesse estado, existe até um município com o nome de Imbuia. Mas ela também pode ser encontrada no Rio Grande do Sul, no Paraná e, com menos frequência, em São Paulo, Minas Gerais e Goiás.

Por ter madeira pesada e resistente a insetos, a árvore foi amplamente explorada para a confecção de mobiliário de luxo, vigas, caibros, portas, janelas, escadarias e tacos. Tanto, que ela entrou para a lista de espécies ameaçadas de extinção e sua derrubada passou a ser controlado por órgãos governamentais.

A imbuia é uma árvore longeva, com 10m a 20 m de altura e tronco, geralmente, curto de cerca de 1, 50 cm de diâmetro – mas já foram encontrados exemplar com fuste de mais 3 m de diâmetro –, recoberto por casca cinzenta e porosa repleta de líquens devido ao ambiente úmido em que vive. A copa é formada por muitos galhos e proporciona uma boa área sombreada. As folhas medem cerca de 7 cm de comprimento por 2 cm de largura, são coriáceas, verde-escuras, lisas, e apresentam o ápice acuminado.

As flores são pequenas, formam-se nas pontas dos ramos, em discretas inflorescências, têm pecíolo longo, coloração amarelada e leve perfume. Elas são hermafroditas e atraem abelhas e outros insetos que colaboram na polinização. Os frutos longo-peciolados são bagas pequenas, ovaladas, verdes quando imaturas e marrons, quase negras, quando amadurecem. Cada fruto abriga uma semente grande e de mesmo formato. A polpa rala é procurada por aves e bichos que encontram os frutos caídos no solo. A floração ocorre de setembro a novembro e os frutificação a partir de janeiro.

A propagação da espécie é feita por sementes que demoram cerca de 30 dias para germinar. O crescimento da muda é lento e o cultivo deve ocorrer na meia-sombra.

A imbuia mede até 20 m de altura e tem tronco resistente a insetos, recoberto por líquens, devido ao ambiente úmido em que vive

A olho-de-cabra tem tronco curto e ampla copa arrendondada que proporciona uma boa área de sombra

Ormosea arborea
Olho-de-cabra, olho-de-boi, tento, coronha, pua-ripa, angelim-ripa, pau-de-santo-inácio

Família *Fabaceae*

A elegante árvore tem uma cobiçada e famosa semente vermelha, com pinta negra, muito utilizada em artesanatos, biojoias e objetos de arte. Tanto, que seu uso intensivo pode estar colaborando para a raridade da espécie. Foi devido à aparência das sementes que a árvore ganhou alguns dos seus nomes populares, como olho-de-cabra e olho-de-boi.

Encontrada da Bahia à região Sul, incluindo a região Centro-Oeste, a *Ormosia arborea* mede entre 15 m e 20 m de altura e tem cerca de 70 cm de diâmetro de tronco, curto e recoberto por casca quase negra. A copa é baixa, arredondada e proporciona uma boa área de sombra. As folhas são compostas, imparibinadas, com 9 a 11 folíolos coriáceos, verde-escuros na parte de cima, verde-claros na de baixo e com pelugem ferrugínea. O conjunto de folhas mede entre 10 cm e 25 cm de comprimento por 5 cm a 10 cm de largura.

As flores pequenas e de coloração arroxeada se formam em panículas densas, na parte terminal dos ramos, parecendo com as do feijão. Os frutos se destacam na parte central dos ramos e são legumes achatados, de tamanho variável. Eles se abrem naturalmente, expondo de uma até três sementes, e demoram para secar e cair. A floração ocorre entre os meses de outubro e novembro e os frutos amadurecemcerca de um ano depois.

A propagação da olho-de-cabra é feita por sementes que precisam ser escarificadas e colocadas na sombra para germinar. Elas demoram cerca de dois meses para brotar e a taxa de germinação é baixa, cerca de 50%. O crescimento da muda no campo é lento.

A *Ormosia arborea* é parecida com a *Ormosia paraensis*, comum na Amazônia paraense, e também tem sementes avermelhadas. Ambas as espécies deviam ser mais plantadas.

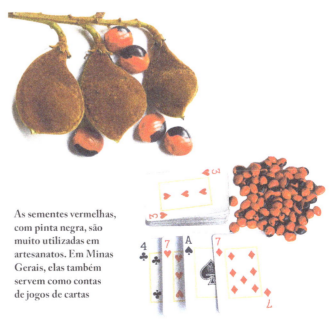

As sementes vermelhas, com pinta negra, são muito utilizadas em artesanatos. Em Minas Gerais, elas também servem como contas de jogos de cartas

Silvestre Silva

P

As flores da *Pachira aquatica* são espetaculares. Elas têm inúmeros estames vermelhos na ponta e pétalas pendentes e compridas

A árvore é mais encontrada em áreas inundadas da Amazônia. Mas ela pode ser cultivada no campo, onde adquire porte menor. Suas folhas e frutos têm coloração ferrugínea

Pachira aquatica

Castanha-da-água, monguba, mamorana, castanha-das-guianas, ceibo-de-água, paineira-de-cuba, cacau-selvagem-do-brasil

Família *Fabaceae*

A espécie ocorre espontaneamente em toda América tropical. No Brasil, é encontrada nas matas periodicamente inundadas do Pará e do Maranhão. Ela também era comum nas margens de rios, igarapés e lagos amazônicos, mas atualmente é raro vê-la.

Devido a sua beleza, a castanha-da-água já é utilizada no paisagismo de praças, avenidas e parques há algum tempo, principalmente nas cidades de Belo Horizonte, Natal, Fortaleza, Salvador e São Paulo. Quem ajudou a torná-la popular foi o o renomado paisagista Roberto Burle Marx.

Em seu hábitat, a *Pachira aquatica* mede cerca de 12 m de altura e fica com copa frondosa. No campo, sob céu aberto, seu porte é menor – entre 4 m e 8 m. Mas, em ambas situações o tronco da espécie é curto e chega a medir mais de 3 m de diâmetro.

As folhas da árvore são perenes, compostas, palmadas, com 5 a 9 folíolos oblongos ou elípticos, de coloração verde-escura. Na Amazônia, a árvore floresce e frutifica quase o ano todo, mas com mais intensidade na estação seca, entre julho e novembro. Ao contrário da frutificação, com auge na estação chuvosa, a partir de dezembro.

As flores são hermafroditas, grandes, com cálice tubular, verde-castanho, numerosos estames e um leve perfume, principalmente pela manhã. A corola tem cinco pétalas amarelo-creme ou esverdeadas que se parecem com fitas e aumentam o charme das flores. Os frutos são cápsulas lenhosas deiscentes, com cerca de 30 cm de comprimento por 12 cm de largura e até 1,5 kg. A casca dos frutos é castanho-ferrugínea e profundamente sulcada, no sentido longitudinal. As sementes são a parte comestível do fruto. Elas são grandes, com cerca de 1,5 cm de diâmetro, ricas em óleo e consumidas cruas, assadas na brasa, torradas, fritas ou cozidas com sal. Também é comum usar a farinha das sementes em bolos e tortas.

Quando as sementes caem na água, são consumidas por peixes e tartarugas. Quando despencam no solo, servem de alimento para paca, cutia, tatu, entre outros animais.

As sementes têm alto poder de germinação. Às vezes, brotam ainda dentro dos frutos.

Pachira insignis

Cacao-selvagem, carolina, castanheira-das-guianas

Família *Malvaceae*

O cacao-selvagem é encontrado basicamente na região amazônica, onde ocorre na floresta pluvial de terra firme e, ocasionalmente, nas partes alagadas periodicamente. Própria para o paisagismo, a árvore atinge entre 10 m e 20 m de altura e tem copa vistosa e tronco ereto, que chega a medir 60 cm de diâmetro.

As flores da espécie são grandes, muito bonitas e surgem na parte terminal dos ramos, principalmente, entre setembro e novembro. Elas têm pétalas e sépalas vermelhas, numerosos estames branco-avermelhados e se destacam à frente da folhagem verde-escura, que compõe a copa arredondada da árvore.

Os frutos surgem entre janeiro e fevereiro e são cápsulas lenhosas, verde-amarronzadas, de até 3 kg, que se abrem naturalmente com o calor. Quando isso acontece, eles expõem sementes de formato variado, marrons quando maduras e deliciosas. Elas podem ser consumidas *in natura*, torradas ou cozidas. Mas, infelizmente, é uma iguaria ainda pouco conhecida e difícil de encontrar, mesmo nas feiras da região de origem da árvore. Quem mais a aprecia o saber são os povos da floresta e os viajantes.

Uma característica da planta é a rápida germinação das sementes, que ocorre em até 15 dias. Por isso, é comum encontrar brotos de cacao-selvangem ainda dentro dos frutos caídos no solo. O desenvolvimento da muda também é rápido.

A árvore é muito ornamental, ainda mais quando floresce na primavera. Os frutos surgem no verão e abrigam sementes deliciosas

As flores da espécie têm formato de estrela e muitos estames. Elas surgem na parte terminais dos ramos, o que as destaca ainda mais na paisagem

Silvestre Silva

21

É fácil identificar a espécie pela folhagem com borda espinhenta. Os frutos nascem verdes nas pontas dos ramos e ficam quase negros

Pachystroma longifolium

Mata-olho, leiteira-de-espinho, canxim, canxi, falsa-espinheira-santa, vacá

Família Euphorbiaceae

A principal característica desta pequena árvore é a aparência de suas folhas, com bordas serrilhadas. Elas se parecem com as da espinheira-santa (*Maytenus ilicifolia*), muito utilizada na medicina brasileira, mas as duas espécies não têm nada a ver: a mata-olho apresenta folhas pouco maiores, tóxicas e é da família *Euphorbiaceae*, enquanto a espinheira-santa pertence à família *Celastraceae*. Os frutos pequenos também podem enganar os menos avisados. Os da *Pachystroma longifolium*, formam-se nas axilas das folhas e dos ramos finos e os da *Maytenus ilicifolia* surgem verdes e ficam vermelhos só quando amadurecem.

Nativo do Rio de Janeiro até o Rio Grande do Sul, o mata-olho mede entre 10 m a 20 m de altura e tem tronco de até 70 cm de diâmetro, recoberto por casca de coloração cinza-parda e rugosa. Sua copa, que começa a poucos metros do solo, tem formato piramidal e é composta por folhas duras, verde-escuras, com 12 cm a 20 cm de comprimento por até 5 cm de largura, que exsuda látex tóxico, irritante aos olhos. Daí surgiu o nome popular da espécie: mata-olho.

As flores são pequenas, amareladas e se formam entre outubro e janeiro, na parte terminal dos ramos, bem expostas aos polinizadores. Os frutos são cápsulas cinzas, quase negras quando amadurecem, em geral, seis meses após a florada. Eles se abrem naturalmente com o calor para expelirem sementes leves de coloração variada. Quando bem regadas, as sementes demoram cerca de 20 dias para brotar. A taxa de germinação é alta e o crescimento da muda, rápido.

O mata-olho mede até 20 m de altura e é uma espécie indicada para áreas degradadas

P

No meio da Floresta Amazônica, a *Parinari montaña* chega a medir 40 m de altura

Parinari montana

Pajurá-da-mata, pajurá-grande, pajurá-pedra

Família *Chrysobalanaceae*

A *Parinari montana* tem frutos instigantes. Eles são grandes, têm formato irregular, assim como seu caroço volumoso que parece uma pedra. Daí, o nome popular da espécie pajura-pedra.

É uma espécie encontrada em quase toda a Amazônia. Mas é mais frequente vê-la nos estados do Amazonas, do Acre, do Pará e de Roraima, principalmente em platôs e matas de terra firme. No passado, a árvore era frequente nos arredores de Manaus, mas a expansão imobiliária e industrial acabou com esses exemplares. Fora do Brasil, ela habita a Guiana e a Colômbia

A pajurá-da-mata é longeva, de crescimento lento e chega a medir 40 m de altura nas florestas. Por isso, pode desenvolver sapopema na base. Seu tronco retilíneo mede cerca de 1 m de diâmetro e é recoberto por casca marrom-escura, rugosa, fissurada, com manchas liquênica. A copa é ampla, muito ramificada, com galhos grossos que sustentam filodendros, samambaias, cipós, entre outras espécies. Os ramos novos são recobertos por pelugem ferrugínea. As folhas são simples, com cerca de 15 cm de comprimento, alternas, lisas, coriáceas e com o ápice acuminado.

A florada ocorre de setembro a dezembro, em panículas, geralmente, densas, na parte terminal dos ramos. As flores brancas e amarelas são perfumadas e polinizadas por abelhas e outros insetos. Os frutos são drupas grandes, elípticas, com 8 cm a 18 cm de diâmetro e até 800 g, de casca espessa, amarronzada e fácil de remover. A polpa amarelada é do tipo farináceo e tem aroma agradável e sabor adocicado. Ela abriga um volumoso caroço de formato variável, com endocarpo duro e superfície repleta de sulcos irregulares. Cada caroço possui de uma a duas sementes que são dispersadas, principalmente, por antas, pacas e cotias. As sementes demoram para germinar.

A florada ocorre na primavera. Os frutos têm formato estranho, casca dura e se deterioram rápido: no máximo, 24 horas após caírem

A *Parkia multijuga* tem porte elegante e copa que proporciona uma boa área de sombra. O tronco pode ser creme-amarelado, como o da foto, ou arroxeado

As folhas compostas e bipinadas originaram o nome da espécie, *multijuga*. A época da florada varia conforme o índice pluviométrico do ano

Parkia multijuga

Faveira, faveira-grande, faveira-arara-tucupi, bajão, varjão, pinho-cuiabano, guarango

Família *Fabaceae*

O nome do gênero, *Parkia*, é em homenagem ao escocês e explorador do continente africano Mungo Park (1771-1806). Já o nome da espécie, *multijuga*, refere-se aos múltiplos folíolos da folhagem, distribuídos harmoniosamente.

Encontrada na mata de terra firme ou inundadas temporariamente da região amazônica, a *Parkia multijuga* tem porte elegante, bela florada e copa larga que proporciona uma boa área de sombra. Seu fuste é retilíneo e atinge até 40 m de altura por 1,30 m de diâmetro. Por isso, na natureza, não é raro a árvore desenvolver raízes aéreas ou sapopemas volumosas para se sustentar. Lisa, arroxeada ou creme-amarelada, a casca do tronco exsuda seiva quando ferida.

As folhas da faveira-grande são compostas e bipinadas. Elas medem até 50 cm de comprimento, têm pinas alternas e folíolos diminutos de cerca de 8 mm de comprimento por 3 mm de largura, verde-escuros e com o ápice acuminado.

As inflorescências surgem em capítulos numerosos, na parte terminal dos ramos, e têm hastes ferrugíneas. As flores são hermafroditas, amarelas, com numerosos estames e parecidas com grandes pompons perfumados. Os frutos são grandes, curvilíneos, marrom-escuros, quase negros, com até 25 cm de comprimento por 10 cm de lagura. Esse tamanho avantajado rendeu à espécie diversos nomes populares, como faveira-grande, varjão e bajão. A época da florada e da frutificação varia de estado para estado, de acordo com o índice pluviométrico: no Pará, os frutos surgem entre agosto e fevereiro, no Acre e no Amazônas, de janeiro a fevereiro. Acredita-se que o principal polinizador da espécie seja o morcego, especialmente nas árvores muito altas.

Cada fruto possui aproximadamente 14 sementes compridas, lisas, marrons, quase negras, com 2 cm a 3,5 cm de comprimento. Elas brotam entre 20 e 40 dias após a semeadura, que deve ser feita na meia-sombra. A taxa de germinação é de cerca de 80%, a plântula é rosa e o crescimento da muda é rápido.

Os frutos medem até 25 cm de comprimento. Por isso, a espécie é chamada de faveira-grande

Curiosamente, as flores redondas e vermelhas e os frutos têm pecíolo longos que chegam a medir mais de 1 m de comprimento

Curiosamente, a árvore, nativa da Amazônia, também é encontrada na Mata Atlântica. Suas folhas são muito ornamentais

Parkia pendula

Visgueiro, fava-bolota, angelim-saia, juerana, jurema-vermelha, pau-de-arara, arara-pitiú, boloeiro, boloteiro, faveira-parquia, angelim-bolota

Família *Fabacea*

Quando floresce e frutifica, a *Parkia pendula* adquire uma aparência muito inusitada. Suas flores grandes, redondas e vermelhas brotam na ponta de hastes pendentes, de até 1,50 cm de comprimento, e se destacam como se fossem pêndulos. No mesmo local, surgem, meses depois, inúmeros frutos em forma de vagem, com 17 cm a 30 cm de comprimento, por até 3,5 cm de largura, que adquirem coloração ferrugínea, ou quase negra, quando amadurecem. Durante o amadurecimento, eles também expelem um visgo – seiva – branca e transparente, que rendeu à espécie o nome popular de visgueiro.

A espécie habita, principalmente, as matas de terra firme, beiras de rios, igarapés, lagos e terrenos argilosos dos estados do Amazônas, do Pará e do Mato Grosso. Curiosamente, ela também é encontrada na Mata Atlântica de Pernambuco, de Alagoas e do sul da Bahia até o norte do Espírito Santo. A árvore mede entre 20 m e 30 m de altura e mais de 1 m de diâmetro de tronco, que pode apresentar raízes aéreas, conhecidas como sapopemas. É fácil reconhecer o visgueiro pela coloração avermelhada do fuste, com cascas soltas ou descamantes - utilizadas na medicina popular como cicatrizante. Em matas baixas, sua copa imensa e arredondada também se destaca, principalmente quando florida geralmente entre agosto e setembro.

As folhas da árvore são alternas, bipinadas, com até 27 pares de pinas e 112 pares de folíolos diminutos, com 11 mm de comprimento por 1,5 mm de largura, verde-escuros e de ápice arredondado. Eventualmente, a folhagem cai entre a estação seca e chuvosa.

As sementes dos frutos são ovaladas, cinza-escuras e brotam em até 40 dias. A taxa de germinação é alta e o crescimento da muda, rápido. Além disso, as sementes podem ser armazenadas por até um ano, em local arejado, sem perder a viabilidade.

Patagonula americana

Guajuvira, guaiuvira, guajubira, guabira, guarajuva, goarapovil

Família *Boraginaceae*

Embora possa ser encontrada em outras regiões do Brasil, a guajuvira é típica do Sul e do Sudeste. Também habita a Argentina, a Bolívia, o Paraguai e o Uruguai. É uma árvore de 10 m e 35 m de altura e mais de 70 cm de diâmetro de tronco, com frutificação intensa e alta taxa de germinação das sementes. Por isso, não é raro, ela compor pequenas formações em áreas de recuperação, de capoeiras e próximas a rios, arroios e lagos.

O tronco da *Patagonula americana* geralmente é tortuoso e irregular, com múltiplos galhos desde a base, que formam uma copa densa e arredondada. A casca do fuste é cinza, com fissuras longitudinais e manchas liquênicas, devido á umidade da Mata Atlântica. As folhas se formam nas pontas dos ramos, nascem verde-claras e se tornam verde-escuras com o tempo. Elas são duras, lisas e serrilhadas do meio para o ápice, e medem de 3 cm a 6 cm de comprimento por 2,5 cm de largura.

As flores da espécie se reúnem em paniculas densas, nas pontas dos ramos e são branco-amareladas, pêntameras, hermafrodidas e com formato parecido com o de cata-vento, A florada ocorre entre setembro e novembroe pode encobrir toda a copa. Os frutos são pequenas drupas marrons quando maduras, e medem cerca de 6 mm de diâmetro.

As sementes demoram até um mês para brotar. A espécie também pode ser propagada por estaquia dos galhos finos e é indicada para áreas degradadas em recuperação.

A árvore tem folhas verde-claras que se tornam verde-escuras com o passar do tempo. Na Mata Alântica, seu principal hábitat, ela chega a medir 30 m de altura

Peltogyne lecointei

Pau-roxo, pau-roxinho, pau-roxo-da-várzea, violeta, guarabu, amarante

Família *Fabaceae*

A bela madeira roxa do tronco da *Peltogyne lecointei* é resistente até a ataque de fungos e tornou a espécie uma das mais procurada e explorada da região amazônica, onde vive em matas de terra firme, principalmente, nos estados do Amazônas, do Amapá, do Acre e do Pará. Com cor e cheiro particulares, a madeira foi amplamente utilizada para diversas finalidades: movelaria de luxo, revestimento de escadas, assoalho, marchetaria, joias elaboradas por designer renomados, produção de instrumentos musicais e de cabos de ferramenta – muitas vezes combinada com madeiras de outras cores. Tanto, que atualmente só é possível encontrar um pau-roxo frondoso em reservas especiais, jardins botânicos, parques nacionais ou local de difícil acesso da Amazônia.

A espécie mede de 20 m e 40 m de altura e chega a ter 80 cm de diâmetro de tronco, que é recoberto por casca rugosa – parecida com as costas de um sapo –, quase negra. Com sapopemas basais, altas, espalhadas harmoniosamente pelo fuste, e uma copa grande e densa, o pau-roxo tem um belo aspecto. As folhas são alternas e compostas por folíolos opostos e sub-opostos, verde-escuros e de ápice acuminado.

As flores se formam em panículas, nos ramos terminais, e são pequenas, esbranquiçadas e polinizadas por abelhas e outros insetos. Os frutos são vagens achatadas, com cerca de 4 cm de comprimento por 2,5 de largura, bege quando amadurecem, e se abrem naturalmente para dispersar as sementes. A floração ocorre entre os meses de setembro e outubro e a frutificação, entre julho e agosto, período da estiagem na região amazônica.

O tronco do pau-roxo pode chegar a mais de 1 m de diâmetro. As folhas são simples e, quando secam, adquirem um tom acobreado

A madeira da espécie é muito ornamental e foi amplamente utilizada para a marchetaria e outros produtos nobres

Silvestre Silva

Peltogyne paniculata

Coataquisauá, coataquisauá-vermelho, escorrega-macaco

Família: *Fabaceae*

É fácil identificar o coataquisauá na floresta. Ele tem características únicas: seu tronco é retilíneo, com ritidoma – casca externa – liso e avermelhado, e copa arredondada e pequena, que ocupa apenas o ápice da árvore. Além disso, sobre a copa se destacam galhos praticamente sem folhas que mais se parecem com antenas. Em botânica, essa estrutura é chamada de ramos áfilos – que significa " o que não tem folhas".

Encontrado na região amazônica, principalmente na parte central e oriental, o coataquisauá mede de 20 m a 35 m de altura – sem contar as "antenas" – e até 50 cm de diâmetro de tronco, que pode desenvolver sapopemas para ajudar na sustentação. A madeira do fuste é de alta durabilidade, castanho-avermelhado, claro ou escuro, e empregada na carpintaria e marcenaria de luxo e confecção de peças de arte, escadas e pisos internos.

As folhas da espécie são grandes, duras, com ápice acuminado e verde-escuras. Entre as estações seca e chuvosa da Amazônia, a folhagems fica amarelada e cai. As flores se formam em panículas, no ápice dos ramos, e são brancas, pequenas e perfumadas, o que atrai pássaros, abelhas e outros insetos que colaboram na polinização. Os frutos têm formato de vagem pequenas e se abrem naturalmente com o calor, expelindo pequenas sementes que voam com o vento.

Não há informação sobre a época de floração e de frutificação da espécie, nem sobre a melhor forma de cultivá-la.

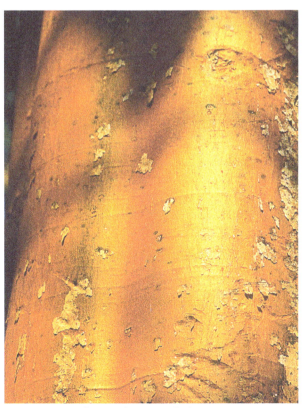

A árvore de até 35 m de altura tem características diferenciadas: tronco retilíneo e castanho avermelhado, copa pequena e estrutura que parece uma antena

Silvestre Silva

33

Peltophorum dubium

Canafístula, faveiro, faveira, farinha-seca, amendoim, guarucaia, sobrasil, ibirá

Família *Fabaceae*

A canafístula vive em diversas formações florestais, como matas decíduas, semidecíduas e o cerrado. Quando ela floresce no Sul, no Sudeste e no Centro-Oeste do Brasil, destaca-se na paisagem pela beleza de sua florada amarelo-ouro. Em menor quantidade, a espécie também é encontrada no Nordeste, mas não floresce com tanta intensidade. Fora do Brasil, ela habita a Argentina, o Paraguai e o Uruguai.

Na natureza, a árvore cresce retilínea e mede de 10 m a 25 m de altura. Nos ambientes urbanos, seu tronco fica curto e grosso – pode ultrapassar 1,5 m de diâmetro - e a copa se torna muito ramificada e larga, proporcionando uma boa área de sombra. A casca do fuste é cinza-escura, fissurada e se desprende em pequenas lascas. As folhas, de até 50 cm de comprimento por 25 cm de largura, são alternas, bipinadas com entre 16 e 21 pares de pinas formadas por de 24 a 30 folíolos de ápice redondo e cerca de 10 mm de comprimento por 3 mm de largura.

No Sudeste e Centro-Oeste, a florada ocorre de dezembro a fevereiro, podendo adiantar ou atrasar conforme o índice pluviométrico do ano. Pequenas, com cinco pétalas e um leve perfume, as flores hermafroditas se reúnem em panículas, na parte terminal dos ramos. Quanto mais calor faz, em maior quantidade elas surgem.

Os frutos são sâmaras achatadas, em forma de lança, com cerca de 9 cm de comprimento por 3 cm de largura, que ficam bege quando maduros. Cada fruto contém de uma a duas sementes, alongadas, pequenas, duras, lisas e amareladas.

As sementes devem ser plantadas em ambientes sombreados e regadas frequentemente. Uma boa ideia é plantar a canafístula em beiras de rios e lagos, onde as mudas se desenvolvem rapidamente. A germinação ocorre em cerca de um mês.

No campo, a canafístula fica com tronco curto e grosso, copa arredondada e florada intensa

A espécie vive, principalmente, no Sul e do Sudeste do Brasil. Mas ela também é encontrada no Nordeste e em outros países. Suas folhas são ornamentais, sua florada espetacular e os frutos surgem em grande quantidade. A época da floração e frutificação depende dos índices pluviométricos da região

P

Na Ilha de Cotijuba (PA), na confluência do Rio Marajó e da Baía de Guajará, ainda há muitos pracaxis

Pentaclethra macroloba
Pracaxi

Família *Fabaceae*

O óleo medicinal das sementes aumenta a fonte de renda da população amazônica

Na Amazônia, as sementes de pracaxi são exploradas de forma sustentável – principalmente pelas mulhares – para a produção de um óleo cicatizante que ajuda a aumentar a renda familiar. No entanto, a ocorrência da espécie tem diminuído com o desmatamento e, consequentemente, a oferta de sementes também.

Encontrado nas terras inundadas temporariamente dos estados do Amazonas, do Amapá, do Pará e de Roraima, o pracaxi mede de 10 m a 18 m de altura e tem tronco com até 70 cm de diâmetro. A casca do fuste é cinzenta, levemente rugosa, usada pelos locais em preparos contra picadas de cobras. Retilíneo ou curto o tronco é multigalhos e forma uma copa arredondada e elegante composta por folhas bipinadas, com 12 cm a 28 cm de comprimento e até 20 pares de pinas com 70 folíolos.

As inflorescências espigosas, parecidas com escovas de garrafa, medem de 15 cm a 24 cm de comprimento e se formam na parte terminal dos ramos quase o ano inteiro, mas com mais frequência na época de seca, de setembro a dezembro. Brancas ou amarareladas, as flores são perfumadas e atraem pássaro, abelhas e outros insetos que colaboram na polinização. Os frutos são vagens compridas, lisas, achatadas e lenhosas, com 18 cm a 25 cm de comprimento, que ficam verde-pardas quando amadurecem. A partir do mês de julho, quando aumenta o calor na Amazônia, as vagens se abrem para projetar as sementes a longas distâncias.

Cada fruto abriga de 4 a 6 sementes grandes, pardo-avermelhadas, com alto teor de oleosidade e casca fina, fácil de separar. Nas árvores encontradas nas beiras de rios, lagos ou igarapés, as sementes boiam e são consumidas por peixes grandes e tartarugas. Em outros locais, animais e roedores ajudam a dispersar a espécie.

As sementes demoram até 40 dias para brotar e a taxa de germinação é alta na Amazônia. O crescimento da muda é rápido e ela começa a florescer e frutificar aos três anos de idade.

Ao secar e cair os frutos se contorcem. As sementes são consideradas matérias primas renováveis e exploradas de forma sustentável

Silvestre Silva

A *Persea willdenowii* é parente do abacateiro e encontrada em grande quantidade na Serra da Mantiqueira, na região de Passa Quatro, Itamogi e São Lourenço, em Minas Gerais

Persea willdenowii

Abacateiro-do-mato, pau-andrade

Família *Lauraceae*

A árvore, nativa do Rio de Janeiro, de Minas Gerais e de São Paulo, mede até 20 m de altura e é da mesma família do abacate. Ela apresenta tronco curto, com 40 cm a 80 cm de diâmetro, de casca marrom, fissurada e descamante. A copa é arredondada e costuma ser baixa e elegante. Essas características tornam a espécie ideal para o paisagismo de grandes jardins, pastagens, praças e parques. Mas, infelizmente, é raro ver a árvore nesses ambientes.

As folhas do abacateiro-do-mato são bem parecidas com a do famoso abacateiro. Elas medem de 12 cm a 15 cm de comprimento por até 8 cm de largura, têm nervuras bem definidas – principalmente a central – e são lisas na parte superior e verde-claras, com pelugens, na inferior. A folhagem tem pecíolo ferrugíneo e surge na ponta de ramos de mesma coloração. Das axilas das folhas, entre setembro e novembro, brotam as flores, pequenas e amareladas, reunidas em panículas compridas.

Os frutos são esféricos, medem cerca de 1,5 cm de comprimento e apresentam casca gossa, mole e roxa – quase negra – quando amadurecem, a partir de janeiro. Cada um abriga uma semente grande que demora cerca de um mês para brotar. A espécie deve ser plantada sob meia-sombra, a taxa de germinação é baixa e o crescimento da muda no campo é lento.

As flores do leiteiro são pequenas, brancas, têm pétalas retorcidas e parecem pequenos cataventos

Peschiera fuchsiaefolia

Leiteiro, leiteira, cata-vento, jasmim-catavento, jasmim, jasmim-pipoca, leiteira-dois-irmãos

Família *Apocynaceae*

Os nomes populares da *Peschiera fluchsiaefolia* se referem às suas características: leiteiro é pelo fato de todas as suas partes exsudarem látex; jasmim, porque suas flores são parecidas com as da famosa trepadeira e cata-vento, pelo formato da flor.

É uma árvore típica do Sudeste, Centro Oeste e Sul do Brasil, encontrada, principalmente, em florestas semidecíduas e latifoliadas. No estado de São Paulo, na região de Botucatu, é considerada invasora, porque suas raízes e sementes brotam com facilidade. Mas em outras regiões, sua ocorrência é dispersa e descontínua.

Com tronco acinzentado, de até 30 cm de diâmetro e 4 m a 8 m de altura, a árvore tem copa, geralmente, larga e esparsa. As folhas são simples, opostas, com nervuras bem definidas e até 12 cm de comprimento por 3 cm de largura. Curiosamente, a folhagem apresenta uma folha diminuta na base.

As flores, de cerca de 1 cm de diâmetro, são pequenas, brancas, pentâmeras, hermafroditas, com pétalas torcidas – como um cata-vento – e se reúnem em grandes cachos nas pontas ou axilas dos ramos. A época da florada varia conforme o índice pluviométrico do ano e a região. Pelo seu a aspecto peculiar, os frutos são uma atração à parte. Eles medem cerca de 3, 5 cm de comprimento, são curvos, recobertos por verrugas e, à medida que amadurecem, ficam alaranjados. Quando se abrem espontaneamente, os frutos expõem uma massa avermelhada – arilo – que serve de alimento a pássaros.

As sementes são pequenas, negras com minúsculas listas verticais e têm grande poder de germinação. Elas brotam entre 15 e 45 dias após o plantio e são indicadas para áreas em degradação.

A casca do tronco é acinzentada. As folhas são rígidas, com até 12 cm de comprimento, e apresentam uma segunda folhinha na base

Silvestre Silva

D

No passado, o leite da árvore era utilizado para curar bernes de animais e os frutos, usados como medicamento para tratar picadas de cobras venenosas

ÁRVORES NATIVAS DO BRASIL | VOLUME 2

Poucos frutos são tão instigantes como os do leiteiro. Com cerca de 3,5 cm de comprimento, eles são recobertos por verrugas e, ao se abrirem, parecem ter boca. Os pássaros adoram sua polpa

Physocalymma scaberrimum

Pau-de-rosas, pau-rosa, cega-machado, quebra-facão, grão-de-porco, nó-de-porco, sebastião-de-arruda, resedá-nacional

Família *Lythraceae*

A *Physocalymma scaberrimum* tem uma das mais belas flores do cerrado brasileiro. Tanto, que um de seus nomes populares é resedá-nacional, uma comparação com a árvore asiática famosa pela floração espetacular.

As flores grandes da espécie nativa surgem entre o outono e o inverno, quando a árvore está caduca, e se destacam na paisagem árida. Com dez pétalas e até 30 longos estames, as flores são perfumadas, brotam em panículas compridas e vão mudando de cor. Incialmente, elas são esbranquiçadas, depois, roseas, por fim se tornam lilases.

Apelidos como cega-machado e quebra-facão é uma alusão à madeira extremamente dura da árvore, encontrada principalmente no Centro-oeste, de Goiás ao Distrito Federal. Mas também presente no Nordeste, no Amazonas, no Pará, em Roraima, Tocantins, Mato de Grosso do Sul e Mato Grosso.

Com 10 m a 15 m de altura, a árvore tem tronco de até 50 cm de diâmetro, recoberto por casca pardacenta, levemente descamante e copa, em geral, piramidal. As folhas são simples, coriáceas, oblanceoladas, com nervuras bem definidas, pecíolo curto e até 10 cm de comprimento por 6,5 cm de largura. Os frutos são cápsulas de 8 cm de diâmetro, castanho-claras quando maduras e se abrem em valvas para expelir inúmeras pequenas sementes aladas.

Os caboclos dizem que pau-de-rosas que dá muitas sementes pouco vinga. E, nesse caso, eles etão certos. O poder de germinação do pau-de-rosas é baixo. Quando acontece, as sementes brotam em até 20 dias e as mudas crescem lentamente. Mas é possível multiplicar a espécie por estaquia.

Rústica e muito bonita, ela se adapta a vários tipos de solo, até o pedregoso, e devia ser mais aproveitada no paisagismo.

O pau-de-rosa foi descoberto pelo naturalista e viajante austríaco, **Johann Emanuel Poh (1782-1834)**, que veio ao Brasil como integrante da conhecida Missão Austríaca, e fez expedições pelo interior do Rio de Janeiro, de Minas Gerais e de Goiás

A beleza da florada do pau-rosa é comparada à do asiático resedá. As flores surgem em grande quantidade quando a árvore está caduca, no outono e inverno, são perfmadas, têm até 10 pétalas e estames longos que pendem sobre o tronco

Silvestre Silva

43

Phytolacca dioica

Umbu-do-sul, ceboleiro, cebolão, bela-sombra, maria-mole

Família: *Phytolaccaceae*

Nos campos do extremo sul do Brasil, esta árvore frondosa chama a atenção por sua inconfundível silhueta, que proporciona uma bela área sombreada e tornou a espécie símbolo de hospitalidade. Os índios e os escravos já se sentavam e deitavam sobre suas raízes grandes e aparentes para descansar nos horários mais quentes do dia. Ela também ofereceu abrigo aos viajantes gaúchos em São Miguel das Missões (RS), atualmente uma ruína jesuíta. Além disso, até hoje, exemplares do umbu-do-sul servem como ponto de referência a carreteiros, tropeiros e mascates que passam pelos descampados dos pampas. Por essa importância, um dos nomes populares da *Phytolacca dioica* é bela-sombra. Outros de seus apelidos são ceboleiro ou cebolão, devido à base grande e arredondada do tronco.

Apesar de se desenvolver em parques e praças das cidades gaúchas, a espécie prefere as estâncias e os campos, onde suas folhas verdes e brilhosas recebem o vento minuano, que pode chegar a qualquer hora. Ela também é encontrada em países vizinhos: Argentina, Paraguai e Uruguai.

Trata-se de uma árvore pioneira de até 30 m de altura, 4 m de diâmetro de tronco grosso e copa densa, extremamente ornamental. Ela é composta por galhos de diversos tamanhos que se cruzam na vertical e horizontal. Entre o outono e o inverno, a espécie perde quase todas as folhas e mostra seu lado escultural.

A espécie floresce com as primeiras chuvas da primavera. Suas inflorescências compostas por pequenas flores brancas amareladas, pentâmeras e hermafroditas, lembram pequenas escovas de garrafas e pendem nas pontas dos ramos, prontinhas para serem polinizadas por abelhas e outros insetos.

Os frutos nascem durante o verão, quando a folhagem da árvore já se recompôs. Agrupados em cachos pendentes, de coloração amarela, eles servem de alimento aos pássaros, que ajudam a dispersar a espécies. Quando maduros, o cachos caem e alimentam outros animais, como quatis, tamanduás, mulitas, pacas, cutias e lebres.

O umbu-do-sul se propaga por sementes, que demoram entre 8 e 20 dias para germinar.

Com tronco grosso e raízes aparentes que servem como banco, a árvore convida a um descanso sob a sombra proporcionado pela sua copa densa

O gaúcho diz que o umbu não escolheu o imenso campo para ser rei. Escolheu para oferecer abrigo, humildade e ajudar o povo na peleja. No Sul também se fala, que o joão-de-barro é comum na região porque encontra no umbu um lugar montar sua morada

A árvore também fica linda em forma de bosai

As flores pequenas e brancas surgem pendentes na primavera, quando a árvore está desprovida de folhas. Os frutos amadurecem quando a folhagem já se recompôs. Por ser muito ornamental, o ceboleiro fica lindo cultivado na forma de bonsai

Piptadenia gonoacantha

Pau-jacaré, jacaré, casco-de-jacaré

Família *Fabaceae*

O nome popular da *Piptadenia gonoacantha* é uma referência à semelhança da casca do seu tronco – pardacenta, descamante e rugosas – com o casco de um jacaré. É uma demonstração da rusticidade da espécie, que vive em diversas formações vegetais do Sul e do Sudeste, até o Mato Grosso do Sul, na região Centro-Oeste.

A árvore mede até 30 m de altura, tem tronco de 45 cm a 90 cm de diâmetro e copa, geralmente, aberta, formada por muitos galhos que proporcionam uma boa área sombreada. Os ramos jovens apresentam asas laminares. As folhas medem cerca de 15 cm de comprimento e são compostas, alternas, bipinadas, formadas por cerca de 8 pares de pinas, com até 40 pares de minúsculos folíolos, verde-escuros.

As flores amarelo-creme, parecidas com escovas de garrafa, formam-se na parte terminal dos ramos, em grandes panículas, encobrindo toda a copa. Elas são levemente perfumadas e atraem pássaros e insetos que colaboram na polinização. Os frutos medem de 5 cm a 13 cm de comprimento por 2,5 cm de largura e são vagens planas e pendentes que surgem verde-claras e se tornam pardas ao amadurecerem. Eles demoram para cair.

A propagação é feita por sementes que demoram de 15 a 30 dias para brotar. A taxa de germinação é alta e o crescimento da muda é rápido. Devido à rusticidade da espécie, ela é indicada para áreas em recuperação.

O nome popular da espécie, pau-jacaré, é uma referência ao aspecto do tronco da espécie. Muito ornamental, ela tem flores amareladas, parecidas com escovas de garrafa

Pithecellobium diversifolium
Espinheiro

Família: *Fabaceae*

O tronco, os ramos e os galhos desta espécie apresentam espinhos pequenos, finos e pontiagudos que lhe renderam o nome popular, espinheira. Outrora, a árvore foi comum em Recife, na divisa com Olinda. Hoje, não é mais tão fácil encontrá-la na natureza. É mais comum vê-la compondo cerca viva de proteção na capital pernambucana e nas cidades vizinhas.

O espineiro mede 3 m a 8 m de altura e até 50 cm de diâmetro de tronco, que é curto, grosso e forma copa bastante ramificada e irregular. As folhas são compostas e bipinadas, com até três pares de pinas opostas, formadas por dois pares de folíolos arredondados, verde-escuros e com nervuras bem definidas.

Entre julho e setembro, a árvore apresenta uma bela florada. Hermafroditas e branco-esverdeadas, as flores têm a forma de pompom e perfume que atrai insetos que ajudam na polinização. Os frutos são vagens de aparência peculiar. Com formato espiralado, eles surgem verdes e se tornam avermelhados quando amadurecem, a partir de março ou abril. Quando isso acontece, abrem-se naturalmente expondo pequenas sementes negras e brilhantes, com uma pequena pinta branca, que permanecem por um bom tempo coladas ao fruto.

As sementes demoram de 15 a 30 dias para brotar. A taxa de germinação é baixa e o crescimento da muda é lento.

Em Recife, PE, próximo à divisa com Olinda, existe um bairro nobre chamado Espinheiro. Os moradores dizem que antigamente havia uma profusão da espécie nas imediações. Atualmente, existem poucos exemplares, alguns rodeiam o Mercado da Encruzilhada

Os frutos ficam vermelhos, retorcidos e muito ornamentais quando se abrem e expõem suas sementes negras

A árvore adquire porte menor nos campos e cerrados. Alguns taxonomistas consideram os vinháticos pequenos uma outra espécie *Platymenia foliolosa*

A folhagem delicada e o tronco descamante, que mosta o colorido do cerne, tornam o vinhático muito ornamental

Platymenia reticulata

Vinhático, candeia, oiteira, pau-candeia vinhático-do-campo, vinhático-amarelo, vinhático-do-mato, vinhático-castanho, vinhático-rajado, vinhático-testa-de-boi

Família *Fabaceae*

A árvore é encontrada do Nordeste ao Rio Grande do Sul e em algumas áreas da Região Amazônica, onde adquire porte maior por habitar matas densas. Seu nome popular mais usual é vinhático, pela coloração cor de vinho dos ramos e da madeira, de excelente qualidade. Tanto, que a espécie já foi muito explorada para movelaria de luxo, construção civil, entre outras utilidades.

Com 10 m a 30 metros de altura e até 80 cm de diâmetro de tronco, a árvore tem casca descamante que expõe a coloração do cerne. Sua copa é elegante, muito ramificada e aberta. As folhas são alternas, compostas, formadas por 5 a 8 pares de pinas e 8 a 15 pares de folíolos. As folhas variam da coloração verde-escura para a verde-clara conforme a época do ano.

As inflorescências em forma de espiga se parecem com escovas de garrafas. Elas atingem até 13 cm de comprimento e são compostas por cerca de cem flores, de cerca de 1 cm de comprimento, bege-amareladas, pentâmeras, hermafroditas, bastante procuradas por pássaros e insetos, que colaboram na polinização. Os frutos são vagens achatadas, com 12 cm a 15 cm de comprimento, pardas quando maduras, que contêm de 7 a 12 sementes pequenas e aladas. Por ser uma espécie bastante difundida pelo país, a época de floração e frutificação varia bastante. Mas, geralmente, as flores surgem na primavera ou no verão e os frutos amadurecem no inverno. Em Brasília, é comum usar os frutos secos em artesanatos.

O vinhático se propaga por sementes que demoram até 30 dias para brotar. A taxa de germinação é muito baixa. O crescimento da muda no campo é lento.

As flores rosa surgem em grande quantidade enchem a copa de cor. Por serem ricas em néctar, elas atraem muitos pássaros quando se abrem pela manhã

Platonia insignis

Bacuri, bacurigrande, ibacori, bacuriba

Família Clusiaceae

Acredita-se que a origem do bacuri é o Baixo Amazônas, no estado do Pará. Mas, a árvore é encontrada em quase toda a região amazônica – especialmente na Ilha de Marajó (PA) –, no Mato Grosso, no Maranhão e no Piauí.

Trata-se de uma espécie instigante. Ao contrário da maioria das árvores de floresta, ela se alastra facilmente por debaixo do solo, muitas vezes exigindo manejo para não infestar pastagens e outros locais ao redor da planta mãe. A árvore também é muito bonita quando floresce, na estação seca, entre junho e setembro, e bem explorada pela população local, quando frutifica, em seguida.

O bacuri mede até 30 m de altura e 1,50 m de diâmetro de tronco e perde, parcial ou totalmente, as folhas antes de florescer. Vistosas, as flores medem cerca de 5 cm de diâmetro, são rosas ou creme e surgem solitárias ou em grupos de até 14, encobrindo toda a copa de cor. Como a árvore forma aglomerações, o espetáculo é singular e pode ser apreciado de longe. Ainda mais, nas primeiras horas da manhã, quando as flores repletas de néctar se abrem e atraem um bando de pássaros ávidos.

Entre dezembro e abril, quando os frutos amadurecem, os povos da Floresta Amazônica fazem várias festas nas cidades onde eles são comercializados. Com 10 cm a 15 cm de diâmetro, os frutos pesam até 1 kg, têm formato variável – arredondado, ovoidal, subovoidal - e aroma e sabor inconfundíveis. A casca dos frutos exsuda resina amarela e pegajosa ao ser cortada. A polpa, que parece um algodão comestível envolve as sementes e pode ter sabor doce ou ácido. Curiosamente, a parte da polpa mais apreciada são os lóculos do ovário - um tipo de semente falsa - que não foram fecundados. No entanto, é normal a árvore futificar muito em um ano e no outro produzir pouco.

O aspecto que distingue o bacuri das outras espécies amazônicas é a germinação das sementes. Antes de formar a parte aérea – folhas e caule -, a muda produz uma raiz principal, que chega a crescer mais de 1,80 m sob o solo. Processo que chega a durar 2 anos.

Antes de se desenvolver o caule, a muda produz uma raiz principal que chega a medir 1,80 m de comprimento. Por isso, o bacuri demora muitos anos para começar a produzir. Na Embrapa Amazônia Oriental, o pesquisador José Edmar Urano de Carvalho pesquisa métodos para produzir a espécie por enxertia para que ela comece a produzir frutos precocemente. Os frutos são muito saborosos

Curiosamente, o bacuri produz muitas brotações laterais, o que não é comum em árvores da Floresta Amazônica. No Pará, são encontradas grandes aglomerações, conhecidas por "bacurizal". Algumas delas até faz parte de roteiros turísticos

Flores e frutos surgem quase que simultaneamente na época de seca. Os frutos são utilizados na produção de doces, salgados, pães e bolos e como aromatizante de cerveja e chope

Platycyamus regnellii

Pau-pereira, pereira, pereiro, pau-pente, pau-pereira-amarelo, pau-de-bolo, folha-larga, pereira-vermelho, cataguá, jacatupe, mangolô

Família L*eguminosae*

O pau-pereira já foi muito utilizado para confeccionar peças de carro-de-boi, principalmente o eixo. Por isso, é considerado nobre por folcloristas como o escritor Camara Cascudo que diz que carros-de-boi e jangadas são ancestrais do transporte humano. A árvore habita o Sul da Bahia, o Espírito Santo, as Minas Gerais, o Rio de Janeiro, São Paulo e Goiás e já foi muito comum. Mas devido a alta extração da madeira, é raro encontrá-la atualmente.

É uma espécie elegante com 10 m a 25 m de altura e tronco de até 80 cm de diâmetro, encoberto por casca pardacenta, cinza escura, que se solta em pequenas lascas. O fuste pode ser retilíneo ou curto e a copa arredondada é formada por folhas com formato de coração, trifoliadas, lisas na parte superior e com fina pelugem na inferior. As estrias são aparentes e formam um bonito desenho.

As flores medem cerca de 2 cm de comprimento, têm cálice campanulado, corola que nasce roxa e fica rosa-clara com o passar do tempo. Elas são levemente perfumadas e surgem entre fevereiro e maio, em grandes panículas – formadas por grupo de até 50 – nas pontas dos ramos, encobrindo toda a copa.

Os frutos surgem entre agosto e setembro, época que a árvore perde as folhas. Eles têm a forma de vagem, medem de 7 cm a 15 cm de comprimento, são planos, beges – quase dourados – quando maduros e demarcam bem as sementes.

A propagação é feita por sementes, que aladas, são marrom-escuras e medem cerca de 2 cm diâmetro. Elas demoram cerca de 15 dias para brotar. A taxa de germinação é muito baixa e o crescimento da muda pode ser rápido ou não, dependendo das condições locais.

Os frutos dourados medem até 7 cm de comprimento e surgem quando a árvore está caduca, no fim do inverno

A copa do pau-pereira fica mais bonita nos exemplares que crescem nas pastagens dos morros. Um número razoável da espécie ainda pode ser habita as terras altas da Serra da Mantiqueira, MG

54 ÁRVORES NATIVAS DO BRASIL | VOLUME 3

As folhas têm estrias aparentes e são muito bonitas

As flores de cerca de 2 cm de diâmetro surgem lilases e se tornam roseas com o tempo. Elas brotam em grande quantidade no verão e são levemente perfumadas

Platymiscium floribundum
Sacambu, jacarandá-do-litoral, jacarandá-amarelo

Família *Lauraceae*

A sacambu é nativa da Mata Atlântica do Rio de Janeiro até o Rio Grande do Sul e fica inteiramente coberta de amarelo quando floresce. Vista de longe pode até ser confundida com algum ipê de mesma cor. Por isso, embora seja pouco aproveitada, a espécie é muito indicada para o paisagismo, principalmente no Sul do Brasil, onde se adapta melhor.

A árvore mede de 10 m a 25 m de altura e até 60 cm de diâmetro de tronco, que é recoberto por casca cinzenta e pode ser curto ou retilíneo. Em ambos os casos, ele forma uma copa densa, composta por folhas pinadas, com de 5 a 7 folíolos, de 5 cm a 11 cm de comprimento por cerca de 3,5 cm de largura e ápice acuminado.

As inflorescências em forma de panícula surgem entre fevereiro e abril nas pontas dos ramos e são formadas por pequenas flores hermafroditas, amarelo-gema e levemente perfumadas. Os frutos são sâmaras manchadas de verde que se tornam amarelas quando amadurecem, a partir de setembro. Cada fruto abriga uma semente, também amarelada.

O sacambu se propaga por sementes que demoram até 10 diz para brotar. A taxa de germinação é boa e o crescimento da muda é lento.

A árvore pode ter tronco retilíneo ou curto, mas a copa é sempre densa. As florada de outono é amarelada e comparada à do ipê.
Os frutos são sâmaras com apenas uma semente

Há pessoas que encontram a jabuticaba-branca pelas matas e não comem seus frutos por achar que estão verdes

Plinia aureana
Jabuticaba-branca

Família *Myrtaceae*

A jabuticaba-branca floresce na primavera e tem folhas verde-escuras e com leve pilosidade. É uma espécie rara e está na lista de plantas em extinção, por isso, há a necessidade de ser mais explorada no paisagismo

Em 1830, o viajante e botânico francês Auguste Saint-Hilare fez o primeiro relato desta árvore no livro *Viagem pelas Províncias do Rio de Janeiro e Minas Gerais*: "Vimos que havia em Itabira de Mato Dentro jabuticabeiras de frutas negras e de frutas amarelas, e, se minha memória é fiel, existe uma espécie que se designa pelo nome de jabuticabeira-branca, ou, pelo menos, cujo fruto se chamaria jabuticaba-branca". Mas a espécie só foi descrita, em 1976, pelo engenheiro agrônomo João Rodrigues de Mattos, a partir de uma planta coletada em 1963 por Áurea Bordo, funcionária do Instituto de Botânica de São Paulo. Seu nome científico era *Myrciaria aureana* e, apenas recentemente, ela foi reclassificada como *Plinia aureana*.

Nativa da Mata Atlântica do Rio de Janeiro e da Serra da Mantiqueira de São Paulo e de Minas Gerais, a jabuticabeira-branca é uma árvore de 3 m a 5 m de altura, com fuste curto, bastante ramificado desde a base. O tronco é recoberto por casca de coloração amarelada, que se desprende e se renova frequentemente, como acontece com outras espécies do gênero. Mas suas folhas têm aparência um pouco diferentes das demais: elas são verdes mais escuras e apresentam leve pilosidade – o que não existe nas outras jabuticadas. Cada folha mede 6 cm a 11 cm de comprimento por cerca de 3 cm de largura e exala odor característico quando macerada.

As flores nascem diretamente do caule entre setembro e outubro. Os frutos são bagas redondas, bastante duras, verdes quando brotam e verde-claras quando amadurecem. Eles têm casca mais dura do que a de outras espécies e gosto ainda mais adocicado. A frutificação ocorre entre janeiro e fevereiro.

A propagação da espécie é feita por sementes – retiradas logo após os frutos serem colhidos – que demoram cerca de um mês para germinar. Também é possível multiplicar a espécie por enxertia ou alporquia.

Em regiões frias, as folhas da árvore ficam avermelhadas entre o inverno e a primavera

Plinia cauliflora

Jabuticaba, jaboticaba, jabuticaba-de-cabinho, jabuticaba-miúda, jabuticaba-pingo-de-mel jabuticaba-graúda, jabuticaba-de-penca, jabuticaba-sabará, jaburicaba-rajada, jabuticaba-coroada, jabuticaba-de-coroa, jabuticatuba

Família *Myrtaceae*

Esta é a frutífera mais famosa e representativa da família *Myrtaceae*. Ela pode ser encotrada em quase todo o Brasil, embora floresça e frutifique mais em umas regiões do que em outras. O Sudeste lidera a produção, principalmente Minas Gerais, onde na época da safra é comum as pessoas alugarem um pé para saborear as frutas.

É comum pensar que existe apenas uma espécie de jabuticabeira, mas existem dezenas. A jabuticatuba ou jabuticaba-graúda, por exemplo, é a maior de todas e a jabuticaba-de-cabinho apresenta frutas em pencas, penduradas por pedúnculos. O tamanho e o gosto das frutas também diferem de uma variedade para outra.

A jabuticabeira pode medir de 3 m a 9 m de altura e tem tronco curto, ramificado desde a base e recoberto por casca fina e marrom, que se desprende naturalmente. A copa é aberta, ampla e formada por folhas verde-claras, que ficam avermelhadas no inverno, principalmente em regiões onde o inverno é rigoroso.

As flores surgem de julho a setembro diretamente dos troncos e galhos. Elas são brancas, pequenas, com muitos estames, hermafroditas e perfumadas, o que atrai abelhas e outros insetos que colaboram na polinização. Os frutos costumam amadurecer entre outubro e novembro, mas a frutificação pode atrasar ou adiantar conforme o índice pluviométrico do ano. A quantidade de chuva e os tratos culturais também podem fazer a árvore produzir mais de uma vez por ano. Os frutos podem ter casca negra, amarronzada, rajada, avermelhada ou púrpura, e basta comprimi-la para ela se abrir. A polpa aquosa e doce é sempre branca e muito utilizada na culinária para produzir doces, geleias, compotas, licores, sorvetes, vinho, cachaça, e até pratos salgados elaborados por famosos chefs brasileiros.

A jabuticaberia se propaga por sementes. A taxa de germinação é baixa e o crescimento da muda é lento. Plantada no sol pleno ou na meia-sombra, a árvore demora de oito a dez anos para frutificar.

Os frutos da jabuticaba brotam diretamente do tronco e dos galhos. Eles nascem verdes e ficam escuros ou avermelhados quando amadurecem. A cor e o sabor depende da variedade da espécie

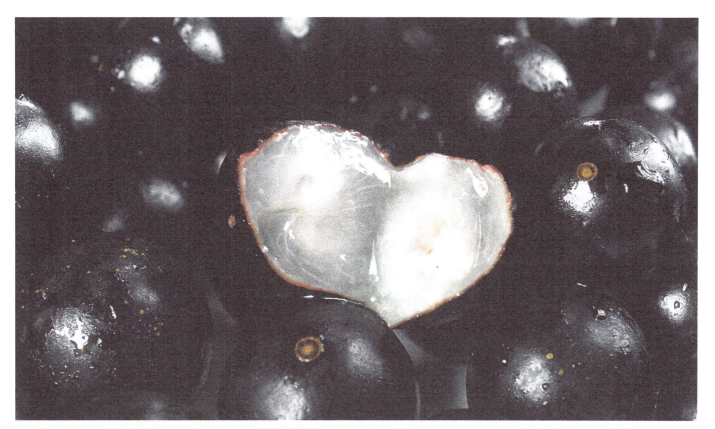

As pequenas e delicadas flores encobrem o tronco da jabuticabeira e proporcionam à árvore um aspecto espetacular. Os frutos têm polpa branca muito utilizada em doces. A espécie pode ser cultivada em pequenos e grandes jardins. Também se desenvolve em vasos

Plinia edulis
Cambucá

Família *Myrtaceae*

Possivelmente, o cambucá é originário das baixadas das zonas litorâneas de Mata Atlântica do Rio de Janeiro. Na época em que o estado era a Capital Federal, existia até a "confraria dos cambucazeiros", organizada por senhores que apreciavam suas frutas e andavam por feira-livres para comprá-las. Outrora, a espécie também já foi encontrada no Rio Grande do Sul. Atualmente, é difícil vê-la, tanto na natureza quanto em pomares. Seu cultivo está restrito a alguns sítios e fazendas de colecionadores de frutas raras e a jardins botânicos.

O nome popular da espécie, cambucá, tem origem Tupi e seu significado tem duas versões: fruta de mamar, porque a polpa precisa ser sugada da casca, ou fruta furada, porque a casca arrebenta ao ser comprimida.

Trata-se de uma árvore com 6 m a 10 m de altura e até 50 cm de diâmetro de tronco, que se solta em lascas finas mostrando seu cerne marrom claro. Característica que ajuda na identificação da espécie. Geralmente, o fuste da árvore é curto e a copa é arredondada e muito vistosa. As folhas são simples, com cerca de 8 cm de comprimento por 3,5 cm de largura, opostas, verde-escuras, com uma leve pelugem na face inferior.

Como na outras espécies da família das *Myrtaceae*, as flores do cambucá se formam direto nos ramos ou no caule. Elas são brancas, com bastantes pecíolos, hermafroditas e brotam entre outubro e dezembro. Os frutos de casca lisa e amarelada são esféricos, com 4 cm a 8 cm, e ficam macios quando amadurecem, entre janeiro e março. A polpa é farta, muito carnosa e adocicada.

O cambucá se propaga por sementes que demoram cerca de 3 meses para germinar e tem crescimento lento. Ele não se regenera facilmente nas matas, por isso, precisa da ajuda humana para não se tornar ainda mais raro.

A copa do cambucá é bem arredondada

O nome do gênero, *Plínia*, é uma homenagem ao naturalista romano Caio Plínio Segundo. Já o nome da espécie, *edulis*, significa "comestível" em latim

Como em outras espécies do gênero, flores e frutos nascem direto do tronco. A polpa deles é amarelada

O tronco do cambucá é descamante e muito ornamental

Podocarpus lambertii

Pinheiro-bravo, pinho-bravo, pinheirinho, pinheiro-do-mato, pinheiro-nacional-bravo, pinheiro-brabo, alambá-açu, atambuaçu

Família *podocarpaceae*

O pinheiro-bravo é uma das raras coníferas brasileiras e, como tal, é uma espécie dioica, ou seja, existem exemplares femininos e masculinos da espécie. Por isso, é necessário ter os dois perto para que haja a polinização.

A conífera se distribui pela Serra da Mantiqueira até o Paraná e o Rio Grande do Sul, sempre em locais de altitude. Também é vista no Pico das Almas, na região da Chapada Diamantina, na Bahia, e na região de Missiones, na Argentina. Antigamente, era comum encontrar o pinheiro-bravo em grande quantidade junto às araucárias, nas matas de pinhais das florestas ombrófilas densas dos planaltos sulinos. Mas as espécies foram amplamente exploradas devido à madeira de ótima qualidade.

Com porte considerado mediano para uma conífera, o pinheiro-bravo mede entre 8 m e 17 m de altura e tem tronco curto e tortuoso, com até 80 cm de diâmetro. O fuste é recoberto por casca castanho-escura, com cerca de 10 mm de espessura, que se solta em lascas curtas ou compridas. A copa tem formato irregular e é ornamental devido à folhagem. As folhas de cerca de 2 cm de comprimento por 4 mm de largura são verde-escuras, lineares e parecidas com pequenas agulhas.

As flores femininas medem cerca de 2 mm e surgem solitárias. As masculinas têm 8 cm a 12 cm de diâmetro e brotam em cones cilíndricos. Elas surgem, geralmente entre abril e junho e são procuradas por abelhas e outros insetos que ajudam na polinização cruzada. Como acontece com o caju, a parte carnuda dos frutos é, na verdade, um pseudo fruto. O fruto mesmo fica acima, envolvendo a semente. Ovalados e comestíveis, os pseudofrutos são verde-azulados e amadurecem entre dezembro e maio.

O pinheiro-bravo se propaga por sementes que demoram de um a dois meses para brotar, dependendo do clima e local em que for plantado. A taxa de germinação é alta e o crescimento da muda é moderado. Normalmente, demora cerca de oito anos para a conífera começar a produzir. Infelizmente, ela não é vista nos paisagismos das cidades serranas, onde se desenvolve muito bem.

A folhagem, os brotos novos e a resina extraída do tronco são considerados medicinais.

As folhas parecem com agulhas e os frutos são verde-azulados. O nome do gênero *Podocarpus* significa "pés" em grego, uma referência ao pseudofruto que nascem abaixo dos frutos – como no caju

A árvore está em grande parte do Brasil. Ela mede até 25 m de altura e seus frutos abrigam sementes com formato e cor que renderam o nome-popular coração-negro

Poecilanthe parviflora
Coração-de-negro, canela-do-brejo, ipê-coração, lapacho, jacarandá-do-mato-grosso

Família *Leguminosae*

Mais uma espécie bastante difundida no Brasil. Ela é encontrada em florestas estacionais e de araucárias do Nordeste ao Sul e, também, na Argentina e no Paraguai. Com entre 15 m e 25 m de altura, o coração-negro tem tronco curto, com até 80 cm de diâmetro, e copa larga de formato irregular e formado por muitos galhos e folhagem verde-escura.

As folhas são imparipinadas, compostas, lanceoladas, lisas, com até cinco folíolos de 3 cm a 6 cm de comprimento por até 4 cm de largura. As flores surgem em cachos densos, bem próximas umas das outras e são hermafroditas, branca-amareladas, com um discreto detalhe azulado. Elas surgem entre outubro e janeiro e atraem abelhas e outros insetos que colaboram na polinização. Os fruto são vagens orbiculares, marrom-escuras quando maduras e apresentam uma ou duas sementes de tamanho variável e coloração marrom, quase negra. A frutificação começa entre maio e setembro, mas os frutos demoram para secar.

O coração-negro se propaga por sementes, que brotam entre 20 e 40 dias. A taxa de germinação é relativamente alta.

Silvestre Silva | 65

Pourouma cecropiifolia

Mapati, uva-da-amazônia, uva-da-mata, umbaúba-de-vinho, imbaúba-de-vinho, umbaúba-de-cheiro, ambaúva-mansa

Família: *Urticaceae*

Até mesmo os pesquisadores familiarizados com as espécies amazônicas têm dificuldade para identificar o mapati na época em que esá sem flores ou frutos. A espécie é muito semelhante à embaúba, o que desperta curiosidade há tempos. Os naturalistas alemães Johan Baptiste Von Spix e Carl Friedrich Philipe Von Martius anotaram em seu livro, Viagem pelo Brasil, em 1819: "Ambaúva-mansa ou de vinho (...) é no Pará ou no Rio Negro o nome de uma árvore, que, no aspecto, tem a maior semelhança com a verdadeira embaúba (cecropia), mas distinguindo-se pelos frutos. Estes são sumarentos, mucilaginosos, de sabor agridoce muito agradável, e se aproximam, mais do que qualquer outro fruto brasileiro, dos de nossa videira. Daí ser procurado com avidez pelos índios e pelos colonos e é atá plantado em alguns pontos (...)."

A *Pourouma cecropiifolia* habita, principalmente, as áreas de terra firme da Amazônia ocidental. Ela mede de 6 m a 12 m de altura, tem tronco retilíneo, cilíndrico e marcado pelas cicatrizes das folhas que secam e caem. A copa, um pouco frondosa, é composta por folhas palmatilobada, com 9 a 11 segmentos, face superior verde-escura e inferior acinzentada. Por ser uma espécie dioica, apresenta flores feminas e masculinas em exemplares separados. As femininas são pequenas branco-amareladas e se formam em panículas que aumentam de tamanho conforme se desenvolvem. As masculinas se formam em panículas eretas, pequenas e numerosas. A polinização é feita, geralmente, por abelhas do gênero *Trigona*.

Os frutos, de 2 cm a 4 cm de comprimento por até 2 cm de largura, surgem em racemos grandes, muito parecidos com um cacho de uva e têm apenas uma semente. A casca deles é violácea e carnosa e a polpa, mucilaginosa, representa cerca de 64% do peso do fruto e tem sabor agridoce. Por isso, costuma ser consumida fresca ou utilizada em bebidas fermentadas, parecidas com vinhos tintos.

A floração ocorre entre abril a junho e a frutificação, de outubro a janeiro. A propagação é feita por sementes que demoram cerca de 45 dias para brotar. A taxa de germinação é relativamente alta e a muda começa a produzir três ou quatro anos após o plantio.

A árvore mede até 12 m de altura e é comparada à embaúba pela folhagem acinzentada e palmada

Os frutos parecem cachos de uva e são utilizados para produzir um tipo de vinho

66 ■ ÁRVORES NATIVAS DO BRASIL | VOLUME 3

Os frutos do breu-branco nem parecem frutos

Protium heptaphyllum

Breu-branco, breu, breu-branco-verdadeiro, almecegueira, almecegueira-de almécega

Família *Burceraceae*

O tronco exsuda resina branca, muito perfumadaw

A espécie que chega a medir 20 m de altua pode desenvolver sapopemas para se manter de pé

Esta é mais uma espécie amazônica explorada de forma sustentável pelos povos da floresta. Seu tronco exsuda resina branca e arenosa, muito perfumada, utilizada pela indústria de cosméticos, de tintas e vernizes e na calafetagem de embarcações. Além disso, a resina é utilizada na medicina popular, como incenso, em rituais religiosos e para acender fogo já que é inflamável.

O centro dispersor do beu-branco provavelmente é o Pará, onde é encontrado frequentemente. Mas ele também está em áreas de terra firme, terrenos arenosos e, eventualmente, em outros sistemas florestais da região amazônica. Curiosamente, a espécie pode ser encontrada na Mata Atlântica nordestina de Pernambuco até o Piauí.

É uma árvore com 10 m a 20 m de altura e até 60 cm de diâmetro do tronco, recoberto por casca reticulada, cinzenta que expele resina esbranquiçada. Não é raro, a espécie apresentar raízes de escora, superficiais ou pequenas sapopemas. Na floresta, o fuste é retilíneo e a copa tem tamanho reduzido. No cultivo, a copa surge mais baixa e fica frondosa.

As folhas do breu-branco são pinadas e compostas por folíolos, de 7 cm a 10 cm de comprimento por até 5 cm de largura, lisos, com nervura central proeminente na parte superior e ápice acuminado. As flores pequenas, vermelhas ou rosadas, são perfumadas e se formam em fascículos densos, axilares, no período da seca amazônica (agosto e setembro), atraindo beija-flores, abelhas e outros insetos. Algumas flores são hermafroditas e possuem estames. Outras são apenas masculinas e apresentam filetes maiores, com anteras menores. Na época de chuva (novembro e dezembro), é a vez dos frutos em forma de drupas de formato inusitado amadurecerem. Quando isso acontece, eles se abrem naturalmente expondo a coloração vermelho-intensa de seu interior e uma ou duas sementes, de formato irregular, recobertas por arilo carnoso e branco apreciado por diversas aves e macacos.

A espécie se propaga por sementes que demoram no máximo um mês para brotar. A taxa de germinação é baixa e o crescimento no campo lento.

Pseudobombax longiflorum

Embiruçu, imbiruçu, ibiraçu, paineira, paina-amarela, paineira-rosada

Família Malvaceae

O embiruçu é uma árvore linda, resistente ao fogo, proveniente das terras secas dos cerrados do Nordeste - especialmente, da Bahia ao Sudeste –, do Centro-Oeste e da região amazônica. Ela mede de 5 m a 15 m de altura, tem tronco com até 50 cm de diâmetro, recoberto por casca cinza, estriada, lisa quando a espécie é jovem e grossa na idade adulta.

A copa da árvore é arredondada, composta por muitos galhos e por folhagem que nasce avermelhada e fica amarelada antes de cair no inverno. Alternas, compostas, palmadas, com sete a nove folíolos, de 5 cm a 13 cm de comprimento, as folhas são umas das grandes responsáveis pela beleza da espécie.

Outro aspecto ornamental são as flores que se formam aos poucos, apenas nos nós subapicais dos ramos finos e sem folhas. Elas medem até 15 cm de comprimento, são brancas, hermafroditas, com mais de cem estames e sépalas que parecem fitas brancas retorcidas – existe uma variedade com flor rósea. Acredita-se que seu principal polinizador seja o morcego.

Os frutos são cápsulas verdes, longas, com até 40 cm de comprimento, que ficam cinza-escuras quando amadurecem e atraem periquitos. As sementes são envoltas por uma grande quantidade de paina amarelada. Por serem fofas, no Mato Grosso, as painas são utilizadas para encher boias salva-vidas, travesseiros entre outros objetos.

A floração ocorre entre julho e setembro e os frutos amadurecem cerca de um ano depois. A propagação é feita por sementes, que demoram no máximo um mês para brotar. A taxa de germinação é boa e o desenvolvimento da muda pode ser lento ou rápido, dependendo das condições locais.

As folhas caem no inverno e mostra o formato ornamental dos galhos

Com até 40 cm de comprimento, os frutos do embiruçie atraem periquitos

P

Muito ornamentais, as flores do embiruçú têm muitos estames e pétalas que parecem laços de fita

Os frutos ovalados do *Pseudobombax munguba* são avermelhados e pendentes. As sementes são envolvidas por painas utilizadas pelos ribeirinhos para encher travesseiros e boias. Já os indígenas utilizam o produto em zarabatanas e flechas. As folhas são compostas por até oito folíolos de 12 cm

Pseudobombax munguba

Munguba, monguba, embitité, imbirité
Família: *Malvaceae*

Quem navega pelo Rio Negro, próximo a Manaus (AM), pode apreciar a beleza das mungubeiras. Na época de cheia chama atenção seu tronco esverdeado ou cinzento repleto de ranhuras. Entre abril e junho, o espetáculo fica por conta da florada intensa e branca. Já entre agosto e novembro, destacam-se os frutos grandes e vermelhos, que surgem quando a mugunba está caduca. Como a espécie se regenera facilmente e vive boa parte do ano com parte submersa, ela também pode ser vistas nas regiões que ficam alagadas periodicamente e nas margens de rios.

A árvore mede de 15 m a 25 m de altura e tem tronco cilíndrico, com galhos próximos à base que formam uma copa piramidal. As folhas são compostas por até oito folíolos de 12 cm a 25 cm de comprimento por cerca de 8 cm de largura e ápice acuminado. O pecíolo da folhagem é um dos maiores da natureza e chega a medir 20 cm de comprimento.

As inflorescências se formam na parte terminal dos ramos e são compostas por até quatro flores grandes, brancas e com centenas de estames. Os frutos são ovalados e surgem pendentes, longe uns dos outros, medindo de 13 cm a 22 cm de comprimento por cerca de 9 cm de diâmetro. Quando os frutos se abrem naturalmente expõem a paina que envolve um grande número de sementes. Nesse período, periquitos fazem festa nas mungubeiras, tentando retirar dos meios das painas as tenras sementes para se alimentarem. As sementes medem cerca de 4 mm de comprimento, são globosas, finas e disseminadas tanto pelos pássaros, quanto pelo vento ou pelos peixes – pacu, tambaqui, matrinchã, entre outros – que as encontram nas painas que caem na água.

A munguba vive boa parte do tempo com um pedaço do tronco submerso. Por isso, os peixes ajudam a disseminar a espécie

Muito ornamental, o tronco é verde com ranhuras cinza e amarelas

Silvestre Silva

Os galhos do pau-rei nascem desde a base e são horizontais, o que proporciona uma aparência muito ornamental à espécie

Pterigota brasiliensis

Pau-rei, folheiro, maperoá
Família *Malvaceae*

    O pau-rei faz parte de uma família de plantas muito importante, a mesma do cacau, do cupuaçi e do chicha. Ele é nativo da Mata Atlântica, mede 20 m a 35 m de altura e se ramifica desde a base. Seus galhos se desenvolvem horizontalmente e compõem uma copa exuberante, principalmente quando a espécie é cultivada. O tronco mede cerca de 50 cm de diâmetro e pode desenvolver sapopemas. Por essas características ornamentais, a árvore foi introduzida no paisagismo por Roberto Burle Marx. No Aterro do Flamengo, no Rio de Janeiro, no Parque do Ibirapuera, em São Paulo, e em outras cidades brasileiras é possível apreciar sua beleza.

    As folhas do pau-rei são grandes – 10 cm a 25 cm de comprimento por até 10 cm de largura –, ovaladas, coriáceas, com nervuras bem marcadas, e ficam amareladas antes de caírem. As flores se reúnem em cachos densos no final dos ramos e são pequenas, carnudas hermafroditas, amarelas na parte externa das pétalas e vinho na parte interna. Os frutos são cápsulas marrons, quase negras quando amadurecem, e se abrem naturalmente para expelir sementes aladas capazes de "voar" bem distante. Em alguns anos a espécie produz uma grande quantidade de frutos, em outros a produção é mirrada.

    O pau-rei se propaga por sementes que demoram cerca de 30 dias para brotar. A taxa de germinação é de pouco mais de 50%. O desenvolvimento da muda no campo é moderado.

Os frutos capsulares surgem quando a espécie está caduca e liberam sementes aladas. Bonitos, eles são aproveitados em artesanato

As folhas com formato de violão chegam a medir 25 cm de comprimento e adquirem diversos tons de amarelo antes de caírem

Pterocarpus violaceus

Aldrago, pau-santo, pau-vidro, sangueiro

Família *Leguminosae*

A árvore nativa da Mata Atlântica do Nordeste ao Sul do Brasil tem copa elegante e florada intensa, extremamente ornamental. Por isso e pelo seu porte baixo – de no máximo 15 m de altura –, a aldrago é cada vez mais aproveitada no paisagismo urbano. Em São Paulo capital, por exemplo, não é raro vê-la enfeitando ruas e avenidas.

As folhas são compostas, alternas, verde-escuras, com entre 5 a 7 folíolos de ápice acuminado e até 8 cm de comprimento por 5 cm de largura. As flores, bem parecidas com as do pau-brasil, são amarelas com miolo violáceo e se formam em cachos grandes ou panículas terminais, geralmente, em grande quantidade. Elas são hermafroditas, pentâmeras e atraem muitas abelhas e outros insetos que colaboram na polinização. O nome científico, *violaceus*, refere-se a cor do miolo da flor. Há variedades da árvore com flores brancas.

A florada da árvore é intensa, parecida com a do pau-brasil, e ocorre na primavera. Pela beleza e porte pequeno, o pau-santo é utilizado no paisagismo urbano

Os frutos são achatados, em forma de disco, e ficam marrons quando amadurecem. Cada um abriga uma semente pequena, com cerca de 5 cm de diâmetro, alada e marrom-clara. A floração ocorre entre outubro e janeiro e a frutificação, entre abril e junho.

A propagação é feita por sementes que demoram aproximadamente 40 a 50 dias para germinar.

Qualea belemnensis
Mandioqueira-de-folha-grande, mandioqueira-de-folha-áspera

Família *Vochysiaseae*

A mandioqueira-de-folha grande é rara mesmo no seu hábitat, a região amazônica. Ela é vista apenas em algumas áreas do Pará e, por isso, pouco se sabe sobre a espécie. Acredita-se que pelo seu nome científico, *belemnensis*, outrora, tenha sido comum na capital do estado, Belém.

Com até 35 m de altura e 1,50 m de diâmetro de tronco, a árvore tem casca rugosa, que se desprende em lascas cinza-escuras, quase negras. Devido ao ambiente úmido em que vive seu tronco costuma ficar recoberto por plantas epífitas como bromélias, filodendros, entre outras. A copa da espécie é aberta e, em alguns casos, pequena para o seu porte.

As folhas duras, verde-escuras, com nervura central bem marcada e ponta arredondada, adquirem manchas cor de cobre antes de caírem. As flores brancas, com detalhe amarelo-alaranjado, surgem de setembro a janeiro em panículas grandes e são perfumadas. Os frutos amadurecem sete meses após a florada. Eles são cápsulas lenhosas, cinza quando maduras e se abrem naturalmente para expelir sementes aladas de 2,5 cm de comprimento por 2 cm de largura.

Não há informação sobre a propagação da mandioqueira-de-folha-grande. Segundo estudos da Embrapa Amazônia Oriental, coordenado pela pesquisadora Noemi Vianna Martins Leão, existem apenas sete indivíduos da espécie em uma área de 50 hectare de terra firme, do Parque Ecológico de Guma, no município de Santa Barbara, próximo à cidade de Belém PA.

Em 1969, a *Qualea belemensis* foi transferida para o gênero *Ruizterania* em homenagem ao botânico e professor venezuelano Luiz Ruiz-Terán.

A espécie é muito rara, mesmo no seu hábitat, onde chega a medir 35 m de altura e fica encoberta por plantas epíftas

Uma das grandes atrações da árvore é a folhagem que adquire tons dourados

A árvore é nativa do cerrado e super-rústica e ornamenal.
As flores amarelas surgem quase que simultaneamente à folhagem nova

Qualea grandiflora

Pau-terra, pau-terra-do-cerrado, cinzeiro,
pau-terra-do-campo, ariavá,
pau-terra-da-folha-grande, pau-terra-macho

Família *Vochysiaseae*

Apesar da grande devastação dos cerrados ainda temos nesse bioma muitas espécies espetaculares. É o caso da *Qualea grandiflora*, uma árvore de 10 m a 15 m de altura e 50 cm de diâmetro de tronco de casca grossa e rugosa, que além de resistente até ao fogo é ornamental.

A copa arredondada é elgante e formada por muitos galhos e por folhas coriáceras, de 10 cm a 14 cm de comprimento por cerca de 5 cm de largura, com nervuras amarelaradas bem definidas e face inferior com pelugem e verde mais clara. As flores são amarelas, compostas por cinco pétalas arredondadas e se abrem durante a noite, atraindo principalmente mariposas. Os frutos são cápsulas lenhosas, com cerca de 12 cm de comprimento, e ficam castanho-acinzentados quando amadurecem e se abrem em três partes para disseminar inúmeras sementes aladas. Curiosamente, a florada ocorre quando as folhas novas estão brotando e os frutos amadurecem quando as folhas, já velhas, estão caindo. A época da floração e da frutificação depende do Estado em que a árvore é encontrada. E ela está bastante difundida pelo Brasil. Pode habitar a Amazônia, o Pará, o Piauí, o Maranhão, a Bahia, Brasília, Tocantins, Mato Grosso do Sul e algumas regiões do Sudeste.

O pau-terra se propaga por sementes, que demoram cerca de 50 dias para brotar. A taxa de germinação é baixa e o crescimento da muda lento. Mas vale a pena cultivá-la principalmente em áreas degradadas pois a espécie é muito rústica e tem várias finalidades, além da ornamental. Das raízes suas raízes é extraído um corante amarelo. Dos frutos verdes são produzidos corantes roxos, cinza-escuros, pretos e marrons. E os frutos secos são utilizados na confecção de artesanatos.

Qualea jundiahy
Pau-terra-da-mata, jundiaí, pau-terra-jundiaí

Família *Vochysiaseae*

A espécie era frequente nas proximidades da Serra do Japi, em São Paulo, onde, antigamente, existia uma flora variadíssima. Mas, à medida que a cidade de Jundiaí – a 60 km da capital – cresceu, o desmatamento aumentou e a quantidade de pau-terra-da-mata diminuiu consideravelmente na região. Tanto, que hoje ele só é encontrado no pé da serra.

Além de São Paulo, a espécie habita regiões de altitude de cerca de 400 m de florestas semidecíduas – e ocasionalmente outros ambientes – dos estados de Minas Gerais, do Paraná e, em menor quantidade, do Rio Grande do Sul. A árvore mede entre 10 m a 20 m de altura, tem até 50 cm de diâmetro de tronco e é recoberta por casca cinza-parda. Na natureza, o fuste da árvore é retilíneo, mas quando a planta é cultivada, ele fica bastante ramificado, compondo uma copa frondosa. As folhas coriáceas, com cerca de 10 cm de comprimento por 5 cm de largura, são ornamentais. Na face superior, elas são lisas, verde-escuras e com nervuras aparentes. Na face inferior, são verde-claras e com pelugem.

As inflorescências em forma de cachos medem até 15 cm de comprimento e se formam na parte terminal dos ramos. As flores são perfumadas, amarelas ou brancas, com uma única pétala grande, e se abrem durante a noite, atraindo mariposas, mamangavas e outros insetos que colaboram na polinização. Geralmente, a floração ocorre duas vezes ao ano: entre outubro e janeiro e entre abril e junho. A frutificação começa entre oito e dez meses depois. Os frutos são cápsulas, grandes, lenhosas e ficam marrom-claros quando amadurecem e se abrem em três partes para dispersar as sementes aladas.

O pau-terra-da-mata se propaga por sementes que demoram até 50 dias para brotar. A taxa de germinação é baixa e o crescimento da muda no campo é lento. Mas, por não ser exigente em tipo de solo para se desenvolver, seu cultivo é indicado para áreas degradas.

Quando a árvore é cultivada, ela apresenta ramos desde a base. Na natureza, o tronco é retilíneo

Os frutos do pau-terra-da-mata são capsuláres e ficam marrom-claros quando amadurecem

Rauvolfia sellowii

Casca-danta, casca-de-anta, jasmim-grado, café-de-jacu, marmelinho-de-macaco

Família Apocynaceae

A árvore, com 10 cm a 25 m de altura e até 60 cm de diâmetro de tronco, pode ser encontrada do Espírito Santo até o Rio Grande do Sul. Elegante, ela tem copa aberta e grande que proporciona uma boa área sombreada e tronco recoberto por casca lisa pardacenta, com cor parecida com a de uma anta. Por isso, o nome popular casca-de-anta. A madeira mole do tronco é mole e utilizada apenas para confecção de peças simples e a casca serve à medicina popular.

Simples e alternas, as folhas medem cerca de 17 cm de comprimento por cerca de 5 cm de largura, são verde-escuras e surgem em grupo de quatro ao longo dos ramos. Comestíveis, elas são usadas na culinária, como substitutas de algumas pimentas.

As flores são pequenas, brancas-amareladas, tubulares e têm pecíolo verde. A floração ocorre entre setembro e novembro, em panículas grandes e atraem abelhas e outros insetos. Os frutos brotam em grande quantidade, reunidos em cachos, entre janeiro e março. Eles são pequenos, esféricos, marrom-escuros, quase negros, e abrigam uma semente achatada, leve e bege. Os frutos são consumidos por uma grande quantidade de pássaros, principalmente jacu. Daí, o nome popular, café-de-jacu.

A espécie se propaga por sementes que demoram cerca de 50 dias para brotar. A taxa de germinação é considerada boa e o crescimento da muda no campo é rápido. Por isso, é uma árvore indicada para recuperação de áreas degradadas.

A planta atrai pássaros, tem copa ornamental, que proporciona boa sombra e é rústica. Características que a torna ideal para o paisagismo

O mangue-preto (acima) apresenta caule escuro e não tem raízes aparentes. O mangue-amarelo e o mangue-vermelho (abaixo) receberam esses apelidos pela coloração das suas raízes, que estão sempre à vista

As flores do mangue-vermelho são pequenas e branca-amareladas. Os frutos são longos

Rhizophora mangle

Mangue-vermelho, mangue-de-raiz, mangue-bravo, sapateiro, apareiba, guarapaiba

Família *Rhizophoraceae* nc

Três espécies são conhecidas como mangue: a *Rhizophora mangle*, ou mangue-vermelho, a *Laguncularia racemosa*, conhecida como mangue-branco ou mangue-marelo e a *Avicennia schaueriana*, chamada de mangue-preto. A diferença entre elas é mínima. Para diferenciá-las é necessário reparar nas raízes. Como seus nomes populares indicam, a *Rhizophora mangle* tem raízes de sustentação vermelhas e a *Laguncularia racemosa*, amarelas. Já a *Avicennia schaueriana* ficou conhecida pelo seu caule ou tronco de cor escura, enegrecida, porque suas raízes não são aparentes. Independentemente da espécie, os mangues formam grandes adensamentos em áreas de maré. No litoral brasileiro, eles são encontrados do Amapá à Santa Catarina, compondo uma área de cerca de 1.225.444 hectares, segundo o Ministério do Meio Ambiente.

Apesar da extrema importância desse ecossistema, sua redução é drástica, principalmente no litoral nordestino. São três os motivos: aterros para a construção civil, cativeiro para a produção de camarões e peixes e poluição – plásticos e outros lixos descartados no mar infestam os manguezais. Uma pena, por que com sua vegetação peculiar, os mangues servem de berçários para peixes, moluscos e diversas aves costeiras, também retêm sedimentos durante a transição da terra para o mar. Além disso, os manguezais são uma importante fonte de renda e de alimentação para centenas de famílias que retiram alimentos –

caranguejos, siris, peixes – do ecossistema

O mangue-vermelho (*Rhizophora mangle)* especificamente mede de 5 m a 10 m de altura, tem tronco tortuoso de até 30 cm de diâmetro, e muitas raízes adventícias, que ocupam grandes áreas. Chamadas de rizophoras, essas raízes dão sustentação à árvore que crescem no lodo e a ajuda "respirar" durante o período de maré baixa. A casca do fuste da espécie é rugosa e quando retirada ou ferida expõe a madeira avermelhada. A casca, as folhas e as raízes possuem muito tanino e já foram utilizadas para curtir couro e produzir corantes para tecidos.

As folhas do mangue-vermelho são duras, ovaladas, lisas, medem de 8 cm a 10 cm de comprimento por cerca de 5 cm de largura, têm pecíolo vermelho e ficam amareladas e secas antes de caírem. As flores se formam nas axilas das folhas e são amareladas, com pecíolo longo e polinizadas por abelhas. Os frutos são bagas parecidas com cachimbos, com cerca de 3 cm de comprimento e apresentam uma uma semente peculiar que germina dentro do fruto e desenvolve uma longa raiz verde embrionária e de ponta fina. Dessa maneira, as semetnes conseguem boiar até encontrar condições apropriadas para se fixar ao lodo. Flores e frutos surgem por um longo período – de setembro a março – quase que concomitantemente.

Como apresenta sementes com raiz embrionária, a espécie se multiplica facilmente em local adequado, inclusive em vaso grande, com bastante água e podas frequentes – e cuidadosas – das raízes.

Silvestre Silva

R

O manguezal da Costa Amazônica do Amapá, do Pará e do Maranhão tem 9 mil km². Ele é formado por árvores de até 30 m de altura que servem de berçário para inúmeras aves, para moluscos e outros animais. Infelizmente, esse e outros manguezais estão sendo destruídos

Sacoglottis guianensis

Achuá, uxirana, ichuá, uachuá, tingecuia

Família *Humiraceae*

O achuá impressiona pela capacidade que tem de se adaptar a diferentes ecossistemas da Amazônia. Ele vive em áreas de terra firme, áreas inundadas periodicamente, de transição entre o cerrado e a floresta, campinas, e praias do Rio Negro. Na floresta primária, a árvore atinge cerca de 30 m de altura, mas não ultrapassa os 15 m nos outros tipos de formações vegetais.

A casca do tronco é rugosa, parda e quase não se desprende. Por ser rica em tanino, ela é aproveitada pelos índios e pelas populações locais para a produção de corante negro e brilhante utilizado para tingir cuias – ancestral dos pratos, ainda utilizado na região para servir comida, principalmente, o típico tacacá.

A copa do achuá proporciona uma boa área de sombra e é formada por folhas elípticas, simples, lisas, alternas, de ápice acuminado e pecíolo curto. com 5 cm a 15 cm de comprimento por cerca de 5 cm de largura. As inflorescências se formam entre julho e setembro nas extremidades dos ramos e são compostas por pequenas flores branco-amareladas, perfumadas e polinizadas por abelhas e outros insetos. Os frutos são pequenas bagas, de casca fina e amarelada quando amadurecem, entre dezembro e janeiro – época das chuvas. Devido ao tamanho grande da semente, a polpa dos frutos é ínfima, mas o sabor doce devia ser explorado no comércio.

Na natureza, as sementes são dispersadas por mamíferos, aves e peixes grandes ou pela água das chuvas. Não há informação sobre o cultivo da espécie.

Os frutos do achuá são bagas verde-amareladas, com semente grande e polpa ínfima, mas muito saborosa

Os estames das flores são metade brancos, metade rosa. A folhagem é muito delicada

Samanea tubulosa

Sete-cascas, árvore-da-chuva, alfarobo, abobreira, biguazeiro, bigueiro, bordão-velho, feijão-cru, pau-de-gangalha, samaneiro, timbó-branco

Família *Leguminosae*

Os nomes populares da *Samanea tubulosa* demonstram algumas de suas características. Sete-cascas porque a casca do tronco se solta em muitas lascas. Biguazeiro porque a árvore serve de dormitório e de berçário a biguás, o pássaro símbolo do pantanal matogrossense. Mas, a espécie é encontrada em várias outras partes do Brasil: no Nordeste e Baixo Amazonas, ela habita áreas de várzeas; nas regiões Sudeste e Sul – até o Paraná – vive em beira de rios. Além disso, a espécie pode ser encontrada na Argentina, na Bolívia e no Paraguai.

A árvore elegante mede 5 m a 10 m de altura e mais de 1 m de diâmetro de tronco, que é recoberto por casca acinzentada, fissurada, áspera, do tipo cortiça, que se despreende em pequenos pedaços, expondo o colorido rosado ou amarelado, do cerne. A madeira tem qualidade e é utilizada para diversos fins, como produção de móveis e assoalhos. A copa é baixa, larga e arredondada, principalmente quando a espécie é cultivada. Nas matas, o fuste pode ficar retilíneo e a copa alta, porque cresce à procura de luz.

As folhas caem entre as estações secas e chuvosas. Elas são compostas e bipinadas. Cada pina apresenta de dois a quatro pares de delicados folíolos de cerca de 2,5 cm de comprimento por 2 cm de largura, lisos na face superior e com leve pelugem na face inferior.

As flores são grandes, com inúmeros estames, metade metade brancos, metade púrpuros, tornando a florada vistosa à distância. No Mato Grosso e no Mato grosso do Sul, a floração ocorre entre agosto e novembro; no Nordeste, entre dezembro e março, em São Paulo, de setembro a outubro. Os frutos amadurecem cinco ou sete meses após a florada. Eles são leguminosos, castanhos, carnosos e medem de
7 cm a 18 cm de comprimento por cerca de 1,5 cm de largura. Cada um apresenta de cinco a trinta sementes, compridas, castanho-claras ou castanho-escuras. Elas demoram cerca de um mês para brotar. A taxa de germinação é baixa. Mas o crescimento da muda é rápido.

Silvestre Silva

Quando cultivada, a sete-cascas fica espetacular: adquire copa larga e arredondada e floresce abundantemente. Este exemplar se encontra na Escola Superior de Agricultura Luiz de Queiroz, em Piracicaba, SP

Sapindus saponaria

Sabão-de-soldado, saboeiro, saboneteiro, pau-de-sabão, fruta-de-sabão, sabão-de-macaco, árvore-do-sabão, jequiri, jequiriti, jequitiguaçu, salta-martim, imbaubarana, ambaúva-mansa

Família: *Sapindaceae*

Diversos nomes populares da árvore fazem referência a sabão: sabão-de-soldado, saboeiro, pau-sabão... E não é a toa. Suas frutas contêm saponina, por isso, já foram utilizadas por soldados nos rincões do Brasil e por lavadeiras do interior do país para deixar o corpo e as roupas limpas. Para tanto, eles apenas esfregavam as frutas, verdes ou maduras, com um pouco de água para produzir espuma.

As outras dezenas de nomes populares da *Sapindus saponaria* indicam a grande dispersão da espécie. Ela pode ser encontrada nas várzeas da região amazônica e nas florestas latifoliadas e semidecíduas do Sudeste, do Sul e do Centro Oeste. Em São Paulo, é possível observá-la em vários parques, jardins, ruas e avenidas. Nas regiões frias, suas folhas ficam amareladas entre o inverno e a primavera, o que aumenta seu efeito ornamental.

A sabão de soltado é uma árvore frondosa, com 5 m a 12 m de altura, de tronco curto, com até 80 cm de diâmetro, bastante ramificado. Por isso, a copa é larga, densa e elegante. As folhas são compostas, verde-escuras, imparipinadas, com até 7 folíolos, lisos, de cerca de 13 cm de comprimento por 4 cm de largura.

Quando a espécie floresce, adquire uma aparência espetacular. Formadas em panículas grandes e verticais, as pequenas flores branco-esverdeadas, hermafroditas e pentâmeras surgem em grande quantidade, alterando o colorido da copa. No Sudeste, a floração ocorre entre abril e junho e os frutos amadurecem no início da primavera. Mas a época varia de região para região, conforme o índice pluviométrico do ano. Os frutos surgem em pencas, geralmente em grande quantidade e também são ornamentais. Eles têm cor de creme e casca rugosa que ao secar ficar quase transparentes. Na contraluz, é possível ver a semente negra, esférica e dura que cada fruto abriga. Frutos e sementes são utilizados em artesanatos.

A espécie se propaga por sementes, que demoram até 40 dias para brotar. A taxa de germinação é baixa e a velocidade de crescimento da muda varia de acordo com o clima.

Tanto a florada quanto a frutificação da espécie são muito ornamentais. Curiosamente, os frutos quando molhados produzem espuma e limpam, como se fossem sabão

A árvore frondosa tem ramos desde a base. No Sul e Sudeste, as folhas ficam amareladas no inverno, antes de caírem

A árvore é confundida com o chorão porque tem folhagem pendente

As flores são pequenas e delicadas

Schinus molle

Aroeira-mole, aroeira-salsa, aroeira-mansa, anacauita, periquita-cheiro

Família *Anacardiaceae*

Devido aos galhos e ramos pendentes, esta espécie pode ser confundida com o famoso chorão ou salgueiro (*Salyx babylonica*). Mas fora essa semelhança, elas têm características bem distintas.

A aroeira-mole é encontrada de Minas Gerais ao Rio Grande do Sul, mede até 20 m de altura e 60 cm de diâmetro de tronco, recoberto por casca parda e descamante. A copa aberta e arredondada tem aparência peculiar e é composta por folhas compostas – paripinadas ou imparipinadas –, com quatro a doze jogos de folíolos, pendentes, verde-claros, lanceolados, com margens serreadas e cerca de 6 cm de comprimento por 3 cm de largura.

As inflorescências surgem em panículas terminais e também são pendentes. Pequenas, delicadas, pentâmeras, unissexuais e branco-amareladas, as flores ajudam a destacar ainda mais a árvore na paisagem de agosto à novembro. Os frutos amadurecem em seguida, de dezembro à março, e surgem em cachos pendentes. Eles são bagas pequenas – cerca de 6 mm de diâmetro –, marrons quando maduras, e apresentam casca mole fácil de retirar. Ainda menores são as sementes, que costumam ser trituradas e usadas para substituir pimentas-do-reino.

A aroeira-mole se propaga por sementes que demoram até dois meses para brotar. A taxa de germinação varia de 20% a 50% e o crescimento da muda no campo é rápido. É indicado plantá-la sob sol pleno nas proximidades de lagos, arroios e riachos.

Encontrada em outros países Sul-americanos, a espécie era considerada sagrada pelos incas. Já na Costa Rica, é conhecida como chille – pimenta da Califórnia.

As folhas da aroeira-mole produzem óleos essenciais picantes. Os frutos, além de serem um importante alimento para pássaros, podem ser utilizados como especiaria

Schinus terebinthifolius

Aroeira, aroeira-vermelha, aroeira-branca, aroeira-pimenteira, aroeira-da-praia, aroeira-do-campo, pimenteira, pimenteira-rosa

Família *Anacardiaceae*

O *Schinus terebinthifolius* produz uma especiaria cada vez mais utilizada em receitas de carnes brancas, peixes e até sobremesas. Na França, ela é conhecida como "poivre rose" ou pimenta-rosa. No Brasil, os chefes costumam chamá-la de semente de aroeira para valorizar o produto local.

Muito disseminada pelo país, a árvore é encontrada do Nordeste ao Sudeste, no Centro-Oeste e nos campos sulinos. Em São Paulo, capital, em Belo Horizonte, em Porto Alegre e outras cidades, ela tem sido utilizada no paisagismo urbano por se ornamental e se adaptar a vários ambientes. Ela cresce em terrenos arenosos, pedregosos, dunas, beiras de rios e lagoas. Quando plantada sob sol pleno, suporta frio intenso e até geadas. Sua popularidade é tanta que o nome aroeira virou sobrenome de família, nome de rua e avenida, de casas de comércio, de condomínios, de empresas e até de cidade.

O tamanho da espécie é variável. Ela é encontrada com porte arbustivo ou como árvore de 5 m a 10 m de altura e até 60 cm de diâmetro de tronco – há registro de exemplares com porte de mais de 15 m. Seu tronco, recoberto por casca grossa e fissurada, pode ser curto e retorcido ou retilíneo, dependendo do hábitat. Independentemente disso, a árvore exsuda resina branca que serve como combustível e ajuda a acender o fogão a lenha no interior do País.

A copa, sempre elegante, é formada por folhas compostas, imparipinadas, com odor característico ao ser macerada. Elas apresentam de três a dez pares de folíolos, elípticos, serreados, com cerca de 5 cm de comprimento por 3 cm de largura. Existe uma crença que as folhas da aroeira causam alergia, mas não é comprovado cientificamente.

As inflorescências se formam em panículas terminais de setembro até novembro e, muitas vezes, encobrem toda a copa da árvore. As flores são pequenas, brancas, pentâmeras, unissexuadas, procuradas por abelhas e outros insetos que colaboram na polinização. Os frutos começam a surgir em janeiro e demoram para amadurecer. Esféricos, pequenos, com casca vermelha, fácil de ser removida, eles se formam em grandes cachos vistosos. Cada um contém uma semente esbranquiçada que moída é utilizada como pimenta.

A espécie pode ter porte arbustivo ou atingir 10 m de altura como esta do Parque do Ibirapuera, em São Paulo

Os frutos da aroeira são comercializados como pimenta-rosa ou pimenta-vermelha, mas deviam ser chamados de pimenta-de-aroeira, para todos conhecerem sua procedência, bem brasileira

Rústica, a aroeira se desenvolve em qualquer tipo de ambiente: campos, margens de rios, dunas… Sua única exigência é sol pleno.

Schizolobium amazonicum

Paricá, paricá-da-amazônia, paricá-grande, paricá-grande-da-mata, paricá-da-terra-firme, guapuruvu-da-amazônia, pinho-cuiabano, bandarra, fava-paricá

Família *Caesalpiniaceae*

O *Schzolobium amazonicum* é muito parecido com o *Schizolobium parahyba*. Tanto, que alguns autores consideram as espécies sinonímias. Mas há diferenças sutis entre elas: o *Schizolobium amazonicum* tem porte mais alto e desenvolve sapopemas. Além disso, suas flores e sementes são um pouco menores e as folhas levemente maiores do que as do *Schizolobium parahyba*.

Conhecido como paricá, o *Schzolobium amazonicum* habita as matas de terra firme e as várzeas altas de quase toda região amazônica. Também é encontrado no Mato Grosso e muito cultivado em reflorestamentos pelo seu crescimento rápido e pela rusticidade. Sua madeira é de qualidade e utilizada para produção de laminados, compensados, canoas, palitos, brinquedos, entre outra coisas.

A árvore mede de 20 m a 30 m de altura e até 1 m de diâmetro de tronco, recoberto por casca cinza-clara na parte externa e creme-rosada na interna. A sapopema atinge mais de 1,30 m de comprimento. O fuste, retilíneo e marcado por cicatrizes foliares na transversal, forma copa curta com delicada folhagem. As folhas são bipinadas, compostas por quinze a vinte folíolos oblongos, de cerca de 3 cm de comprimento que, curiosamente, ficam menores com o passar do tempo.

A floração ocorre entre maio e junho no Mato Grosso e de junho a julho no Pará. As flores se formam em grandes panículas

No cultivo para a exploração da madeira, no município de Vigia (PA), o paricá não desenvolve sapopema. Na Natureza, a espécie costuma ter sapopema de mais de 1,30 m de altura. Em ambos os casos, a folhagem e a madeira são ornamentais

terminais, de 15 cm a 30 cm de comprimento, são perfumadas e encobrem a copa de amarelo. Depois, elas caem, colorem o solo e servem de alimento a roedores e outros bichos que passam por ali. Os frutos são legumes, achatados, ovais, com até 10,5 cm de comprimento por 4 cm de largura e ficam cinza-escuros quando amadurecem. Eles se abrem naturalmente, geralmente entre entre setembro e outubro e abrigam uma semente cinza-clara, de 2,5 cm de comprimento por 1,5 cm de largura, bastante dura, que precisa ser escarificadas antes do plantio. As sementes demoram cerca de 45 dias para brotar e a taxa de germinação é alta. O cultivo deve ocorrer sob sol pleno.

É comum ver o grande guapuruvú no paisagismo urbano, tanto em cidades interioranas, quanto nas grandes capitais. Sua florada sempre se destaca

Schizolobium parahyba

Guapuruvu, guarapuvu, garapivu, guapiruvu, bacurubu, bacuruva, birosca, ficheira, pataqueira

Família *Leguminosae*

O guapuruvu é uma das mais belas e elegantes árvores da Mata Atlântica brasileira. Ele é encontrado da Bahia ao Rio Grande do Sul. Mas Santa Catarina é sua região preferida. Tanto, que é considerada árvore símbolo da capital Florianópolis.

É uma espécie de 15 m a 30 m de altura e até 1 m de diâmetro de tronco, de madeira leve utilizada para diversas finalidades. O fuste é retilíneo, recoberto por casca verde-acinzentada, marcada por cicatrizes foliares. A copa ampla e alta é formada por ramos espaçados que ficam mais aparentes à medida que a árvore se desenvolve. Isso porque a folhagem nasce apenas nos ramos mais jovens e finos. As folhas são alternas e grandes, com até 1 m de comprimento e 30 pares de pinas formadas por quarenta a sessenta folíolos, cada. Com cerca de 3 cm de comprimento por 1 cm de largura, os folíolos proporcionam um belo desenho à folhagem e caem no inverno.

As inflorescências surgem de agosto a dezembro – conforme a região – em panículas terminais quando a árvore está sem folhas. Elas têm pecíolo longo e pequenas flores hermafroditas, compostas por cinco pétalas amarelas que servem de alimento a pássaros, abelhas e outros insetos ajudam na polinização.

Os frutos são sâmaras de 12 cm de comprimento por 4,5 cm de largura que ficam marrons quando amadurecem, de março a abril. Eles se abrem em duas partes, cada uma abriga uma semente – ou eventualmente duas – de cerca de 2,5 cm de comprimento por 1,5 cm de largura, duras e lisas, que precisam ser escarificadas antes do plantio. As sementes demoram entre vinte e quarenta dias para brotar, a taxa de germinação é alta, o cultivo deve ocorrer sob sol pleno e o crescimento da muda é rápido.

No inverno, quando os folíolos caem, os pecíolos das folha se soltam e se fincam no solo como "varinhas". Os frutos em forma de sâmara abrigam uma ou duas sementes que precisam ser escarificadas antes do plantio

A árvore mede cerca de 25 m, tem fuste avermelhado e apresenta inflorescências amareladas e frutos em forma de sâmara

Sclerolobium denudatum

Passuaré, passariúva, passariúba, pariúva, buscuaré, angá, cacheta-amarela, arapacu cacheta-preta

Família *Leguminosae*

O passuaré mede de 20 m a 30 metros de altura, tem cerca de 60 cm de diâmetro de tronco e fuste retilíneo recoberto por casca de 14 mm de espessura, cinza-avermelhada e fissurada na parte externa e bege-amarelada na interna. A copa grande da espécie é bastante ramificada e formada por folhas pinadas, com de duas a cinco julgas compostas por folíolos opostos, lisos, coriáceos, de ápice acuminado e 5 cm a 12 cm de comprimento por 2 cm a 5 cm de largura.

A árvore é encontrada nos estados de Minas Gerais até o Rio Grande do Sul, normalmente no interior de florestas primárias. Entre agosto e setembro surgem em grande quantidade inflorescências terminais, com longos pedúnculos verticais. Elas são formadas por pequenas flores amarelo-claras, hermafroditas, de pétalas pilosas e muitos estames. Os frutos têm formato de sâmara, cerca de 9,5 cm de comprimento por 3 cm de largura e amadurecem entre abril e setembro, quando ficam marrons e se abrem naturalmente. A semente achatada, com formato ovalado irregular, cor bege a marrom-claro é alada.

A espécie se propaga por sementes, que demoram de 20 a 40 dias para brotar. A taxa de germinação é alta e o crescimento da muda no campo é rápido.

Silvestre Silva

S

Sclerolobium melanocarpum
Taxi-vermelho
Sclerolobium melinonii
Taxi-pitomba-branco

Família *Leguminosae*

O *Sclerolobium melanocarpum* e o *Sclerolobium melinonii* são duas espécies amazônicas raras, muito parecidas. O quê as diferencia é praticamente a cor do tronco que, como os nomes populares indicam, é avermelhado no taxi-vermelho e marrom-claro esbranquiçado no taxi-pitomba-branco. Independentemente da cor, as madeiras são resistentes, duráveis e muito cobiçadas.

As duas árvores medem até 30 m de altura e de 30 cm e 80 cm diâmetro de tronco e habitam as áreas de terra firme do Pará, divisa com Amapá – nas terras do Projeto Jari e Estação Ecológica do Jarí. No entanto, o taxi-vermelho também pode ser encontrado no Amazonas, no Amapá e, com menos frequência, na Mata Atlântica de Pernambuco até a Bahia.

A copa das espécies é formada por folhas compostas por dois ou três pares de folíolos paripinados, verde-escuros na face superior e verde-claros na inferior. As florada surge na ponta dos ramos na época de chuva da região amazônica. As flores são amarelas – mais claras no taxi-pitomba branco – e polinizadas por abelhas pequenas e outros insetos. Os frutos são vagens achatadas que ficam bege, quase transparentes, quando amadurecem. No taxi-vermelho, os frutos, de cerca de 10 cm de comprimento por 3,5 cm de largura, amadurecem a partir do mês de julho e têm apenas uma semente. O taxi-pitomba-branco tem vagens um pouco maiores, que amadurecem a partir de agosto e contêm até duas sementes.

A regeneração natural do taxi-vermelho e do taxi-pitomba branco é rápida devido ao clima úmido do interior da floresta.

O taxi-pitomba-branco só é encontrado nos estados do Amapá e Pará. Na base da árvore, a sapopema é menor e mais vertical do que a do taxi-vermelho

Quando os frutos secam, é possível ver as sementes dentro. Devido ao clima do interior da floresta, elas brotam facilmente

Como o nome popular indica, o taxi-vermelho tem tronco avermelhado. As sapopemas da árvore são grandes

A árvore tem muitos ganhos que engrossam à medida que envelhece, o que lhe proporciona um aspecto muito escultural. Sua copa larga chega a medir mais de 10 m de diâmetro e proporciona uma excelente área sombreada. Por isso, ela é indicada para o paisagismo de grandes espaços

Sclerolobium rugosum

Ingá-bravo, ingá-ferro, angá

Família Leguminosae

O ingá-bravo vive em regiões com altitudes superiores a 800 m – formações secundárias, floresta ombrófila densa e floresta estacional semidecidual – dos estados da Bahia, Espírito Santo, Rio de Janeiro, São Paulo e Goiás. Em geral, a árvore mede entre 19 m e 15 m de altura e tem tronco com cerca de 60 cm de diâmetro, mas há exemplares maiores. Bom exemplo é o encontrado na cidade de Passa Quatro, na Serra da Mantiqueira de Minas Gerais. Ele tem tronco curto, com mais de 1,50 m de diâmetro e copa baixa, redonda que chega a atingir impressionáveis 30 m de largura. Não à-toa, esse espetaculoso ingá faz parte do roteiro turístico da cidade.

O fuste da espécie tem casca rugosa, cinza-escura, descamante, que fica recoberta por liquens devido ao calor e à umidade do hábitat. A copa, redonda e ornamental, é formada por folhas compostas por seis a dez pares de folíolos, de 15 cm a 30 cm de comprimento, com face superior verde-escura, rugosa e lisa e face inferior, prateada e com leve pelugem. A florada ocorre entre julho e agosto e, em geral, é intensa. As flores, pequenas, branca-amareladas e com pecíolo ferrugíneo se reúnem em rancemos verticais e atraem muitas abelhas e outros pequenos insetos que colaboram na polinização. A frutificação ocorre oito meses após a floração. Os frutos são vagens lisas, achatadas, que se abrem naturalmente. Cada um abriga uma semente de cerca de 1,5 cm de comprimento, dura, com formato irregular e castanho-claras maduras.

O ingá-bravo se propaga por sementes que demoram cerca de 40 dias para brotar. A taxa de germinação é baixa e o crescimento da muda rápido.

O ingá-bravo da cidade de Passa Quatro, MG, é considerado uma das mais belas árvore já encontradas

As flores se destacam na ponta dos ramos. As folhas medem até 6 cm de comprimento

O fedegoso-do-mato tem copa baixa e apresenta uma florada espetacular no verão

Senna cana
Fedegoso-do-mato, são-joão, cássia, sena

Família *Fabaceae*

Há varias plantas brasileiras conhecidas por sena e cássia. Algumas são parecidas, outras não. Mas todas têm em comum o porte médio e uma florada amarela exuberante, que encobre toda a copa. Estas espécies se distribuem por grande parte do país, mas são pouco estudadas, o que dificulta a identificação correta.

A *Senna cana*, em especial, é encontrada do Nordeste ao Sudeste e no Centro Oeste, em campos de altitude do cerrado, caatinga e em capoeiras. e mede de 3 m a 6 m de altura e até 20 cm de diâmetro de tronco. Os galhos que se formam um pouco acima do chão, em geral, compõem uma copa larga e elegante. As folhas medem cerca de 15 cm e são compostas por três a oito pares de folíolos – o primeiro, na parte de baixo é sempre menor – de ápice acuminado, com leve pelugem na face superior.

De janeiro a março, a árvore apresenta inflorescências amarelas e muito vistosas nas axilas das folhas. As flores são andróginas e atraem abelhas grandes e outros insetos que colaboram na polinização. Os frutos são vagens achatadas, compridas, com "compartimentos" para as sementes e começam a amadurecer a partir de setembro. Quando isso acontece, eles ficam marrons e se abrem naturalmente. Cada um abriga de quatro a doze sementes duras, de formato irregular, bege ou cinzas quando secam.

O fedegoso-d-mato se propaga por sementes que devem ser colocadas para germinar logo que colhidas e demoram cerca de 2 meses para brotar. A taxa de germinação é baixa. Devido ao porte e à exuberância, a espécie é bastante indicada para o paisagismo, mas pouco utilizada. Também deveria ser mais explorada na recuperação de áreas degradadas, pois pode ser plantada até em ambientes secos e arenosos.

As flores amarelas surgem em rancemos nas pontas dos ramos e os frutos são vagens cilíndricas e

Senna macranthera

Aleluia, fedegoso, fedegoso-do-mato, cabo-verde, manduí, mamangá, manduirana, ibixuma, tararaçu, pau-fava, sena

Família: *Fabaceae*

Esta sena pode ser encontrada do Ceará até o Rio Grande do Sul e em Goiás. Seu porte varia de 8 m a 18 m e até 40 cm de diâmetro de tronco, que é recoberto por casca áspera e cinzenta. Pela forma da copa e beleza da florada é uma árvore utilizada regularmente no paisagismo, mas ainda pouco explorada na urbanização, inclusive de ruas com fiações elétrica.

A aleluia tem folhas alternas, compostas por dois folíolos, considerados grandes quando comparados aos das outas senas. Eles medem cerca de 12,5 cm de comprimento por 4,5 cm de lagura, são lanceolados, verde-escuros e lisos. A florada espetacular ocorre no verão, mas a espécie também pode apresentar algumas inflorescências em outras épocas do ano. As flores grandes, com cinco pétalas são hermafroditas, levemente perfumadas, e surgem em rancemos nas pontas dos ramos, atraindo mamangavas e outras abelhas grandes que colaboram na polinização.

Os frutos são vagens cilíndricas e compridas, com até 35 cm de comprimento por 2 cm de diâmetro, que amadurecem de julho a setembro e se abrem naturalmente. Eles "alojam", em cavidades bem marcardas, uma grande quantidade de pequenas sementes, achatadas, lisas e brilhantes que ficam cor de creme quando secam.

A espécie se propaga por sementes que devem ser plantadas logo após a colheita. Elas precisam ser escarificadas antes do plantio e demoram cerca de um mês para brotar. A taxa de germinação é considerada satisfatória e o crescimento é rápido.

Senna multijuga

Pau-cigarra, aleluia, cássia-aleluia, cássia-amarela, árvore-da-cigarra, pau-de-cigarra, aleluia-amarela, amarelinha, amarelinho, caobi, caobi-preto, cobí, cobí-preto, manduírana, manduírana-de-folha-mole, pau-amendoim, pau-de-pito, canudeiro, canuto-de-pito, pau-cachimbo, pau-fava

A bela *Senna multijuga* é encontrada em quase todo o Brasil, em diversas formações vegetais. Mas, acredita-se que sua origem é a costa atlântica onde se desenvolve exuberantemente. Em cada região, a árvore é conhecida por um nome-popular: caobi-preto é uma referência ao tronco da espécie, recoberto por casca rugosa, fina e cinza-escura; cássia-amarela, uma alusão ao colorido da florada, enquanto aleluia diz respeito a época da floração, a páscoa.

A árvore de 8 m a 15 m de altura tem fuste de até 60 cm de diâmetro, geralmente ramificado desde a base. O nome científico da espécie, *multijuga*, significa "múltiplas julgas", uma característica das folhas que são parapinadas e compostas por 18 a 44 pares de diminutos folíolos, verde-escuros, com cerca de 2 cm de comprimento por 7 mm de largura cada.

A época de floração da árvore varia conforme a região, em geral, é no verão e muito durável. As inflorescências são panículas terminais múltiplas, com até 30 cm de comprimento, compostas por flores hermafroditas de cerca de 4 cm de diâmetro, com cinco pétalas. Os frutos são vagens longas, achatadas, que ficam marrons quando amadurecem e se abrem naturalmente. Eles medem cerca de 18 cm de comprimento por 2 cm de largura e abrigam de 20 a 32 pequenas sementes, comprida, verdes-claras ou verde-escuras quando secam.

As sementes demoram entre vinte e quarenta dias para brotar. A taxa de germinação é de mais de 85%, quando elas são plantadas logo depois de colhidas, sob sol pleno.
O crescimento da muda é rápido.

Do Amazônas ao Nordeste, do Centro Oeste ao Sul e Sudeste, é possível apreciar a floração do pau-cigarra

Solanum lycocarpum
Fruta-de-lobo, lobeira, fruta-de-guará, guarambá

Família *Solanaceae*

A fruta-de-lobo é da mesma família do tomate, da berinjela e do jiló. No cerrado brasileiro, ela é uma espécie bastante conhecida e um dos principais alimentos dos lobos-guará – como o nome popular indica –, que ajudam a disseminá-la. Acredita-se que as formigas procuram as fezes desses animais e acabam transportando as pequenas sementes para dentro da colônia. Isso porque não é raro encontrar a fruta-de-lobo crescendo próxima a formigueiros.

Trata-se de uma árvore de pequeno porte, com entre 3 m a 5 m de altura, e tronco curto e tortuoso de, no máximo, 30 cm de diâmetro, recoberto por casca grossa para suportar as queimadas, comuns em seu hábitat. Quase toda a planta apresenta espinho – inclusive as folhas – e os ramos são encobertos por fina pelugem. As folhas de formato irregular são alternas, verde-escuras na face superior, prateadas na inferior e medem entre 14 cm a 22 cm de comprimento por cerca de 8 cm de largura.

As flores lilases ou roxas surgem praticamente o ano todo, mas com mais intensidade no inverno. Elas se desenvolvem solitárias ou em pequenas panículas terminais, têm pétalas com base soldada e corola com 5 lóbulos. Os frutos são bagas grandes, com 8 cm a 12 cm de diâmetro, recobertas por levem pelugem e verdes, mesmo quando amadurecem entre setembro e outubro. Sua polpa amarelada é farta e comestível mas o aroma e sabor não agrada a todos. Alguns a consideram enjoativa. Por isso, os frutos são mais aproveitados para a produção de geleias e doces.

Cada fruto contém de 200 a 500 sementes duras e achatadas, com cerca de 4 mm de diâmetro. Elas demoram cerca de 1 mês para brotar e a taxa de germinação é alta.

Como outras árvores do cerrado, a fruta-de-lobo têm sido estudada com a intenção de se descobrir princípios ativos que possam ser utilizados pela medicina e indústria farmacêutica.

A árvore típica do cerrado mede até 5 m de altura e tem aspecto elegante: seu tronco é curto e a copa, aberta

As folhas da pequena árvore chegam a medir 22 cm de comprimento e apresentam espinhos. As flores lilases e estreladas surgem praticamente o ano inteiro. Os frutos amadurecem meses depois e são o principal alimento de lobos e de outros animais que caminham pela região

O escritor baiano Jorge Amado citou o cajá em sete de suas obras literárias. Já o folclorista norte-riograndense, Luís da Câmara Cascudo (1898-1986) escreveu que a fruta costumava ser chamada de mata-bebado, pois ela acompanhava tão bem a cachaça que enquanto as pessoas a comiam não paravam de beber. Ou vice e versa

A copa do cajá pode atingir 25 m de diâmetro. Suas folhas caem no inverno e rebrotam junto com as inflorescências compostas por até 2 mil flores

Spondias mombin

Taperebá, cajá, cajazeiro, taperibazeira, acajá, cajá-pequeno, cajá-miúdo, cajá-mirim, acaíba

Família *Anacardiaceae*

O cajazeiro é uma das árvores mais conhecidas da região Norte e Nordeste do Brasil. Ela foi descrita pelo botânico sueco Carl Von Linné – considerado pai da classificação botânica das plantas – em 1753, e, entre as espécies do gênero, é a mais vigorosa. Seu porte chega a ser de 30 m de altura e mais de 90 cm de diâmetro, que é recoberto por casca grossa, rugosa e cinzenta de 2 cm de espessura. No entanto, o mais impressionante é a copa grande e larga, que pode atingir 25 m de diâmetro.

A copa é formada por folhas compostas, pinadas, com 5 a 9 pares de folíolos, de cerca de 12 cm de comprimento por 4,5 cm de largura, que nascem opostos. A folhagem cai totalmente ou parcialmente no inverno e volta a bortar junco com as inflorescências entre outubro e dezembro. As flores branco-amareladas e melíferas são minúsculas e atraem abelhas e outros insetos que colaboram na polinização. Em uma mesma árvore é possível encontrar flores unissexuais e hermafroditas.

Os frutos são drupas ovaladas, com cerca de 3,5 cm de comprimento por 2 cm de largura, de casca fina, lisa e amarelo-avermelhada. A polpa é farta e representa mais da metade do peso do fruto, que chega a ser de 15 g. O caroço das drupas podem abrigar nenhuma ou até cinco sementes.

Semear a espécie é um processo muito lento. Por isso, o cajazeiro costuma ser propagado por estaquia e brotações laterais das raízes. O plantio deve ser feito sob sol pleno.

Silvestre Silva

O sertanejo em suas andanças, muitas vezes se aproveita da sombra fresca do umbuzeiro

Spondias tuberosa

Umbu, ambu, embu, imbu, imbuzeiro, ombu, ombuzeiro, umbuzeiro

Família *Anacardiaceae*

A *Spondias tuberosa* é uma espécie considerada sagrada no Nordeste. Seu nome popular tem origem tupi-guarani e explica esse fato. Umbu significa "árvore que dá de beber", uma alusão às raízes tuberosas da planta, que armazenam água e matam a sede dos sertanejos, ao mesmo tempo que combate a diarreia. Parecidas com batatas, as raízes também permitem que a árvore sobreviva aos longos períodos de seca da Caatinga.

A árvore mede entre 4 m e 7 m de altura e chega a ter 80 cm de diâmetro de tronco, tortuoso e com múltiplos galhos entrelaçados que conferem à espécie uma aparência peculiar. A copa frondosa chega a ter 10 m de diâmetro e perde totalmente as folhas na estação seca. Mas basta as primeiras chuvas para a folhagem rebrotar rapidamente. As folhas são alternas, compostas por 3 a 7 folíolos lisos, de cerca de de 4 cm de comprimento por 2 cm de largura que brotam verde-escuros e se tornam avermelhados antes de caírem.

As flores pequenas e perfumadas têm três pétalas brancas, estames amarelos e se formam em panículas terminais de 10 cm a 15 cm de comprimento. Os frutos são drupas arredondadas, de cerca de 3 cm de diâmetro, de casca fina, amarela-esverdeada quando amadurece. Com cerca de15 g, os frutos têm caroço grande e polpa suculenta de sabor agridoce. No Nordeste, a espécie floresce de maio e junho, época de chuva, e os frutos surgem de janeiro até abril.

O umbuzeiro pode ser propagado por sementes, estaquia ou enxertia. As mudas produzidas por sementes – que demoram cerca de três meses para brotar – formam raízes tuberosas rapidamente, enquanto as feitas por estacas demoram ou nem chegam a formar. A planta começa a florescer e produzir a partir dos 10 anos e pode viver por mais de 100 anos produzindo cerca de 300 kg de frutas anualmente.

Os frutos medem cerca de 3 cm de diâmetro, tem caroço grande e polpa suculenta de sabor agridoce

Do umbu se aproveita tudo. Frutos, tubérculos e folhas são utilizadas em dezenas de receitas, de doces a salgados, de sucos a pícles

"... dominando a revivescência geral- não já pela altura senão pelo gracioso do porte, os umbuzeiros alevantam. Duos metros sobre o chão, irradiante em circulo, os galhos numerosos. É a árvore sagrada do sertão. Sócia fiel. Das rápidas horas felizes e longos dias amargos dos vaqueiros. Representa o mais frisante exemplo da flora sertaneja...Por fim, desafiando as secas duradouras, sustentando-se nas quadras miseráveis mercê da energia vital que economiza nas.estações benéficas, das reservas guardadas em grande cópia nas raízes e reparte as com o homem. Alimenta-o e mitiga-lhe a sede. Abre-lhe o seio acariciado e amigo, onde os ramos recurvos e entrelaçados parecem de propósito feitos para armação das redes bambolantes. E ao chegarem os tempos felizes dão lhe os frutos de sabor esquisitopara o preparo da umbuzada tradicional".

Os Sertões – Euclides da Cunha

Silvestre Silva

S

Sterculia chicha
Sterculia striata

Chicha, xixá, chichá-do-cerrado, mandovi, chichá-do-norte, amendoim-de-bugre, mandubi, pau-de-cortiça, amendoim-da-mata, pé-de-anta, pau-de-boia

Família *Sterculiacea*

São duas as espécies conhecidas como chicha ou xixá: a *Sterculia chicha* e a *Sterculia striata*. Ambas são parecidas e consideradas algumas das mais belas árvores brasileiras. A diferença entre elas pode ser explicada pelo hábitat: típica de florestas pluviais, a *Sterculia chicha* mede até 35 m de altura e tem tronco de até 90 cm de diâmetro, com sapopemas grandes na base para ajudar na sustentação; enquanto a *Sterculia striata* habita áreas mais secas, de transição entre o cerrado e a mata, e alcança de 8 m a 18 m de altura, medida que não exige sapopemas tão grandes.

A copa de ambas *Sterculia* é densa e composta por folhas grandes, de até 20 cm de comprimento, pecíolo piloso e longo. Na *S. chich*a, as folhas são compostas por três lóbulos, na *S. striata*, podem ter até cinco. A folhagem cai quando as espécies habitam regiões com época de seca acentuada. As flores são pequenas, de odor desagradável, e se formam em cachos grandes na ponta dos ramos mais finos, encobrindo quase toda a copa de colorido amarelo-acobreado.

A frutificação das árvores também é espetacular. Formados nas extremidades dos ramos, em grupos de dois a cinco, os frutos passam por diversos estágios antes de amadurecerem e se tornarem lenhosos e ornamentais. Inicialmente, eles são verdes, depois, amarelo-claros e quando amadurecem ficam vermelhos e se abrem lentamente, expondo um interior amarelado, com sementes negras. Comestíveis ao natural, torradas ou assadas, as sementes têm casca lisa, levemente aveludada.

Para propagar as duas espécies, as sementes devem ser plantadas em local sombreado logo depois de colhidas. A taxa de germinação é boa e o crescimento da muda é moderado.

No Sudeste e Centro-Oeste, a floração ocorre entre novembro e março e os frutos surgem a partir de maio.

Os frutos têm diversos estágios de maturação. Quando eles se abrem, expõem o interior amarelo e as sementes negras

As sementes são consumidas ao natural, torradas ou assadas

As flores se reúnem em cachos vistosos. No Jardim Botânico do Instituto Agronômico de Campinas (SP), a floração ocorre no verão

A *Sterculia chicha* e a *Sterculia striata* são utilizadas no paisagismo de grandes parques. Os frutos ornamentais servem de alimento a pássaros e animais e, quando secam, são utilizados em artesanatos. As folhas novas surgem avermelhadas proporcionando um belo aspecto a essas árvores. Por fornecer sombra e alimento, as duas chichá são consideras árvores sociais, que unem pessoas, bichos e aves

S

Nativa da Mata Atlântica, a esponja-de-ouro mede até 5 m de altura e tem florada extremamente ornamental. Em algumas localidades, as folhas caem parcialmente e ressaltam ainda mais as flores parecidas com pompons

Stifftia chrysantha

Esponja, esponja-de-ouro, diadema, flor-da-amizade, pincel, rabo-de-cutia

Família: *Compositae*

A arvoreta de 3 m a 5 m de altura têm flores em forma de pompom que se abrem vermelhas e ficam amarelas com passar do tempo. A floração ocorre praticamente o ano todo, principalmente no invero e dura por um longo período. Característica que torna a *Stifftia* perfeita o paisagismo.

Nativa da Mata Atlântica da Bahia até São Paulo, a espécie tem tronco de 15 cm a 30 cm de diâmetro, com galhos desde a base e casca cinza-escura, lisa e levemente fissurada. As folhas são simples, alternas, verde-escuras, duras, com ápice acuminado e até 13 cm de comprimento por 5 cm de largura. Dependendo do lugar onde a planta vive, a folhagem caim parcialmente, ou se renova no auge da florada, o que deixa a arvoreta ainda mais bela.

Curiosamente, as sementes da espécie são encontradas nos capítulos florais. Elas são extremamente pequenas – são necessárias cerca de 50 mil sementes para formar 1 kg – e demoram aproximadamente um mês para brotar. A taxa de germinação é alta e o crescimento da muda no campo é lento.

Existe uma espécie muito parecida, a *Stifftia fruticosa*, a única diferença é o colorido das flores, que são vermelhas na parte externa e amarelas na parte interna. Provavelmente, com novas pesquisas sobre o gênero, ela se tornará uma variedade da *Stifftia chrysantha*.

O aspecto das flores rendeu vários nomes-populares: esponja, pincel, rabo-de-cutia

Stryphnodendron adstringens

Barbatimão, barbatimão-verdadeiro, borãozinho-roxo, casca-da-virgindade

Família *Leguminosae*

Há centenas de anos os tropeiros utilizavam o barbatimão para curar as feridas dos animais que transportam suas mercadorias Brasil afora. O nome científico, *adstringens*, faz referência a ação adstringente do tanino da planta. Por isso, a espécie do cerrado é uma das mais estudadas na medicina popular e tradicional.

A árvore, encontrada da Bahia até São Paulo e no Centro-Oeste, mede de 3 m a 5 m de altura e tem tronco curto de cerca de 30 cm de diâmetro, recoberto por casca grossa para suportar o fogo e as intempéries típicas dos cerrados. Quando a madeira é cortada, ela libera resina de cor amarelo-claro, o tanino, que é a parte medicinal da planta, e que também já foi utilizada como corante para tecidos. Já a casca do tronco queimada era usada na fabricação de sabão caseiro.

A copa do barbatimão é larga e fechada por inúmeras folhas alternas e paripinadas. Cada pina é composta por cinco a oito pares de folíolos, alternos, com cerca de 2 cm de comprimento e ápice arredondado. As inflorescências surgem de setembro a novembro nos nós das folhas e têm formato de espiga. Cada uma é composta por aproximadamente cem pequenas flores, hermafroditas e amareladas. Os frutos são leguminosos, com 8 cm de comprimento, e se tornam marrons, quase negros, quando amadurecem e se abrem naturalmente, a partir do mês de julho. As sementes são pequenas duras, lisas e marrom-castanho.

Para propagar o barbatimão, as sementes devem ser escarificadas antes de plantadas sob sol pleno. Elas demoram cerca de quinze dias para brotar e o crescimento da muda é lento.

O barbatimão já foi uma das árvores mais comuns e úteis dos cerrados brasileiros. Infelizmente, é cada vez mais difícil encontrar um exemplar da espécie, devido à destruição do bioma. Esta foi fotografada no Paque Nacional Grande Sertão Veredas (MG)

O tronco da árvore é superresistente. Ele tem casca grossa que suporta até o fogo. Quando a madeira é cortada, exuda resina amarelada, medicinal

Em Monte Dourado, PA, a árvore floresce no começo da primavera

Stryphnodendron pulcherium

Barbatimão-do-amazonas, favinha, faveira, caubi, canzé, muzé, camundongo, tambor

Família *Leguminosae*

Acredita-se que a origem da espécie seja a Região Amazônica e com o tempo ela tenha se dispersado naturalmente pela Mata Atlântica nordestina, onde é encontrada em áreas de terra firme ou sub-bosques altos e bem drenados. Com 4 m a 8 m de altura, a árvore apresenta tronco curto, de cerca de 30 cm de diâmetro e múltiplos galhos que formam uma copa arredondada, baixa e fechada. As folhas bipinadas, com 14 cm a 18 cm de comprimento, são compostas por quinze a trinta folíolos diminutos, de ápice acuminado.

A florada do barbatimão-da-amazônia geralmente ocorre de setembro a outubro, mas a época pode variar um pouco de uma região para a outra. As Inflorescências, em forma de espiga surgem nos ramos terminais, de coloração ferrugínea, solitárias ou em grupo. Elas são compostas por mais de trezentas pequenas flores amarelas, com estames longos e são procuradas por abelhas e outros insetos que colaboram na polinização.

Os frutos leguminosos e pedentes medem cerca de 7 cm de comprimento e se tornam quase negros quando amadurecem, a partir de janeiro. Eles não se abrem naturalmente e abrigam até dezoito sementes duras, lisas e ovaladas.

Para propagar a espécie, as sementes devem ser escarificadas logo após colhidas. Assim, elas podem brotam em até três semanas. A taxa de germinação é baixa.

As inflorescências do barbatimão-da-amazônia são "espigas" formadas por mais de trezentas flores, nas pontas dos ramos

Em alguns exemplares, é fácil apreciar a florada, mas os frutos não surgem. Acredita-se que seja pela falta de polinizadores no ambiente

Swartzia langsdorfii

Pacová-de-macaco, banha-de-galinha, jacarandá-de-banana, jacarandá-de-sangue, banana-de-papagaio

Família *Leguminosae*

As árvores conhecidas como pacová-de-macaco são tão parecidas que alguns especialistas as classificam como variedades da *Swartzia langsdorfii* e outros como espécies diferentes – *Swartzia macrostachya*, *Swartzia oblata*, *Swartzia glazoviana*. As principais diferenças entre elas são o tamanho dos frutos, a quantidade de polpa e a viabilidade das sementes.

Encontradas do Nordeste ao Sudeste, as *Swartzia* medem de 8 m a 18 metros de altura e tem tronco curto, de 40 cm a 80 cm de diâmetro, recoberto por casca cinzenta descamante, com muitos galhos desde a base. As folhas, de até 12 cm de comprimento por 6,5 cm de largura, são compostas, pinadas, com 7 a 11 folíolos de ápice acuminado, lisos e verde-escuros.

As flores brancas, grandes, com apenas uma pétala fina e pecíolo longo, surgem em racemos diretamente dos ramos e são procuradas, principalmente, por abelhas. Os frutos são drupas lisas, brilhantes, que brotam verdes, ficam amarelas e se tornam quase negras quando amadurecem. Cada fruto abriga uma semente grande e marrom-clara, envolvida por polpa – arilo – úmida, cor de gema e apreciada por diversos animais, especialmente os macacos, daí o nome popular pacová-de-macaco. A floração ocorre no inicio da primavera e os frutos amadurecem seis meses depois.

A propagação da espécie e variedades é feita por sementes, que demoram em média quatro semanas para brotar. A taxa de germinação chega a 90 %, o desenvolvimento da muda é lento e a produção começa em cerca de 8 anos.

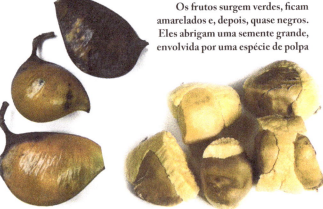

Os frutos surgem verdes, ficam amarelados e, depois, quase negros. Eles abrigam uma semente grande, envolvida por uma espécie de polpa

O pacová-de macaco do Jardim Botânico de São Paulo, mede mais de 10 m de altura e, como comum à espécie, têm galhos desde a base

S

Swietenia macrophylla

Mogno, mogno-brasileiro, aguano, araputanga, cedrorana, cedraí

Família *Meliaceae*

A madeira de alta qualidade tornou a espécie famosa no mundo inteiro e a árvore, uma das mais exploradas de forma clandestina da região amazônica. Por isso, seu corte foi proibido pelo governo federal por meio do Projeto de lei nº 5.397, de 2001.

O mogno é nativo principalmente no sul e sudeste do Pará, mas também habita os estados do Amazonas, do Maranhão, do Acre, do Mato Grosso, de Rondônia e de Tocantins. Além disso, ele pode ser encontrado no Peru e em alguns países da América Central. Longeva, a árvore vive por mais de 300 anos e chega a medir mais de 45 m de altura e 2 m de diâmetro de tronco. Para manter em pé tanta imponência, ela desenvolve sapopemas de mais de 4,5 m de diâmetro.

O tronco apresenta casca pardo-avermelhada e fissurada que se solta em lasca, mostrando o cerne castanho-escuro e valioso da espécie. A madeira é aproveitada para confecção de instrumentos musicais e científicos, movelaria de luxo e peças de arte, além de servir às industrias de aviação e naval.

A copa do mogno não é muito grande se comparada ao seu porte. As folhas são verde-escuras, paripinadas e compostas por folíolos opostos, peciolados, lisos e de ápice acumiado, com 7 cm a 15 cm de comprimento por cerca de 4 cm de largura. As folhas novas apresentam leve pilosidade amarelada que confere outro tom à árvore na época em que surgem.

Pesquisadores observaram que quanto maior a árvore menor são as flores. Brancas ou creme, as flores de cinco pétalas se formam em grandes panículas terminais ou axilares e são hermafroditas. Os frutos são cápsulas de 10 cm a 20 cm de comprimento por cerca de 8 cm de largura, lenhosos e castanho-claros quando maduros. Eles se abrem naturalmente em cinco partes e liberam até 72 sementes que são dispersas pelo vendo. Uma árvore adulta chega a produzir mais de 300 frutos por ano. No Pará, a floração ocorre entre março e abril e os frutos amadurecem entre outubro e novembro.

O mogno se propagação por sementes que devem ser plantadas logo depois que caírem. Elas demoram de 20 a 40 dias para brotar. A taxa de germinação é alta e o crescimento da muda no campo rápido. A produção começa a partir dos doze anos de idade.

O mogno cresce rapidamente, mas só produz aos oito anos. No Parque Ecológico de Gúnma, Belém- PA, ele é cultivado

Quando comparada a altura da ávore, a copa do mogno não é considerada pequena

Acredita-se que, quanto maior a árvore de mogno, menores são as flores cor-de-creme. Os frutos capsuláres se abrem naturalmente

Silvestre Silva

S

As folhas do mogno são coriáceas, os frutos se abrem naturalmente liberando sementes cor de creme-claro

Devido a qualidade da madeira, o mogno já foi amplamente explorado e hoje é protegido por lei. Pior, é que na regeneração natural, muitas mudas são atacadas por brocas, o que prejudica o ponteiro e, consequentemente, o desenvolvimento retilíneo da árvore

Silvestre Silva   131

Na natureza, o anani mede até 20 m de altura e desenvolve raízes aéreas quando habita as terras temporariamente alagadas da Amazônia.

Symphonia globulifera

Anani, uanani, oanani, canadi, guanandi, guananin-vermelho, vanandi, pau-breu

Família *Guttiferae*

A árvore de flores e frutos ornamentais se desenvolve melhor no Norte e Nordeste. Seu tronco exuda resina amarelo-ouro, utilizada para diversos fins, até calefação

Acredita-se que o centro de dispersão do Anani é a cidade paraense Ananindeua – "lugar de anani" – onde, infelizmente, existem poucos exemplares atualmente. Mas a árvore pode ser encontrada em outras partes do estuário amazônico formando grandes aglomerações nas áreas periodicamente inundadas. Curiosamente, ela também habita a Mata Atlântica nordestina, da Paraíba até o Rio de Janeiro e outros países, como Angola, Honduras, Guianas, e Jamaica.

Trata-se de uma árvore de 5 m a 20 m de altura, com tronco retilíneo e cilíndrico, com cerca de 30 cm de diâmetro, recoberto por casca cinzenta, levemente descamante. Nas áreas temporariamente inundadas da Amazônia, a espécie desenvolve raízes de sustentação ou adventícias em toda a sua base; nas áreas de terra firme, forma pequenas sapopemas. Quando a madeira é cortada ou ferida exsuda muita resina amarela e grossa, conhecida como "breu de anani". Esta resina, que se torna preta e endurece ao secar, têm muitas utilidades, entre elas, calefação de embarcações e produção de fios de velas.

Uma das formas de identificar o Anani no meio das matas é por meio dos ramos. Eles se desenvolvem na horizontal, lembrando os da araucária. As folhas, de 4 cm a 10 cm de comprimento por cerca de 4 cm de largura, são simples, opostas, lisas, lanceoladas e verde-escuras.

As flores surgem entre julho e setembro e proporcionam à árvore uma aparência espetacular. Vermelho-escarlates, elas apresentam cinco pétalas e cinco sépalas e se reúnem em grupo de seis a dez em cachos que duram cerca de dois meses. Além disso, são hermafroditas e atraem beija-flores e outros pássaros e insetos. Os frutos também são atrativos. Eles são bagas ovoides e vermelhas que se tornam amarelas quando amadurecem e se abrem naturalmente, a partir de dezembro na região amazônica. A polpa dos frutos é carnosa e comestível, mas o gosto não agrada a todos. A semente dura, marrom e ovalada contém 35% de gordura preta misturada a outros tipos de gorduras e já foi utilizada na produção de sabão caseiro.

O anani se propaga por sementes, que devem ser plantadas logo que colhidas, sempre próximas a lagos e ribeirões, sob sol pleno ou meia-sombra. Elas demoram cerca de 40 dias para brotar. A taxa de germinação é alta.

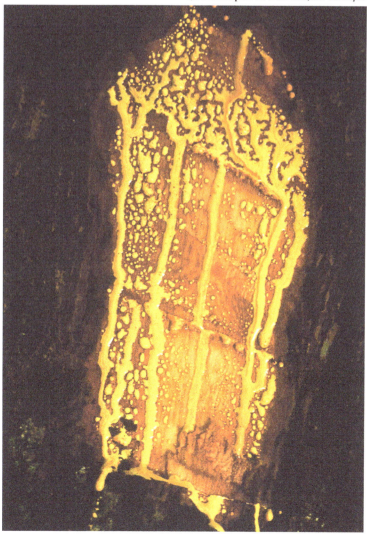

Tabebuia ou Handroanthus

Amarelo, branco, rosa, roxo... Há ipês das mais variadas cores, nos mais diversos hábitats e no paisagismo urbano das mais distintas cidades. Por isso, em qualquer lugar que se vá é possível admirar o espetáculo que as *Tabebuia* proporcionam quando florescem. Tanto que, embora não seja oficial, as flores do ipê-amarelo, encontrado em todo território nacional, são consideradas um verdadeiro símbolo do Brasil.

É fato que o ipê está no imaginário do brasileiro. Seu nome é emprestado para logradouros públicos, casas de comercio, escolas, condomínios, estradas, músicas populares brasileiras...

Já a beleza de suas floradas rendeu poemas, crônicas e muitos outros textos deslumbrantes de autores como Monteiro Lobato, Martins Fontes, Carlos Drumond de Andrade, Rubens Alves, entre outros.

No entanto, se os ipês são tão populares, faltam pesquisas taxonômicas que definam melhor cada uma das espécie. Alguns estudiosos já transferiram os ipês do gênero *Tabebuia* para o *Handroanthus*, mas ainda há muito a ser feito. Os ipês-amarelos, por exemplo, são muitos semelhantes. O que distingue um dos outros é praticamente o porte, a época da florada e o tamanho de suas folhas e flores. Características que podem ser definidas pelo clima local e, não necessariamente, tornam as espécies diferentes.

T

O nome científico da espécie, *alba*, refere-se a leve pelugem prateada da face inferior das folhas

Tabebuia alba
Ipê-amarelo-da-serra, ipê-da-serra, ipê-amarelo, ipê-mandioca, ipê-ouro

Família *Bignoniaceae*

Com até 30 m de altura, o ipê-amarelo-da-serra está entre as maiores árvores da espécie. Ele é encontrado do Rio de Janeiro até o Rio Grande do Sul, principalmente em Minas Gerais e no Rio de Janeiro, com troncos que chegam a ter 80 cm de diâmetro.

Sua copa aberta também é grandiosa e extremamente vistosa, mesmo quando não está florida, pois sua folhagem têm uma leve pelugem prateada na face inferior. É a essa característica que o nome, *alba*, da espécie se refere. As folhas são palmadas e formadas por cinco a sete folíolos, de 7 cm a 15 cm de comprimento por cerca de 6 cm de largura, serrilhados e lisos na face superior.

A época da floração varia de uma região para a outra. No hábitat, ela acontece de julho a setembro. As flores amarelas e campanuladas apresentam corola de cerca de 7 cm de comprimento por 5 cm de largura e surgem em panículas arredondadas na parte terminal dos ramos, sempre quando a árvore está desprovida de folhas. A florada atrai diversos pássaros, principalmente, beija-flor, cambacica, sanhaço, saíras e periquitos.

Os frutos são cápsulas pendentes, cilíndricas e tomentosas de até 30 cm de comprimento por 2,5 cm de espessura. Quando amaducerem, eles se abrem naturalmente, liberando sementes aladas, com membranas brancas que se parecem com seda.

O ipê-amarelo-da serra se propaga é por sementes, que demoram de 10 a 30 dias para germinar. O crescimento da muda no campo é rápido.

O ipê-amarelo-da-serra não atrai apenas beija-fores, também "chama" cambacicas e outros pássaros

Silvestre Silva

Existe uma espécie semelhante à *Tabebuia aurea*, a *Tabebuia ochracea*. Ela é um pouco maior que a espécie *aurea* e também pode ser encontrada no Sul do Brasil

Tabebuia aurea

Ipê-do-cerrado, ipê-do-campo, ipê-amarelo-do-campo, ipê-cascudo, caraibeira, cinco-folhas-campo, para-tudo-do-campo, para-tudo-do-cerrado, paratudal

Família *Bignoniaceae*

O ipê-do-cerrado ou caraíba é um dos ipês mais encontrados no Brasil. Ele está presente nos cerrados das regiões Norte, Centro Oeste e Sudeste, nas caatingas nordestinas e nas savanas amazônicas. Por decreto estadual, é considerado a árvore símbolo de Alagoas, e no Patanal (MG), é conhecido com para-tudo. Basta observá-lo florido para entender o motivo.

No cerrado, a *Tabebuia aurea* mede, em média, 6 m de altura. Em outros hábitats atinge de 10 m a 15 m. Seu tronco tem no máximo 45 cm de diâmetro e é recoberto por casca do tipo cortiça. Seus galhos são tortuosos e formam uma copa arredondada com folhas que medem de 6 cm a 15 cm de comprimento por até 12 cm de largura e são compostas, opostas e digitadas, com cinco a sete folíolos, lisos, duros e peciolados. A folhagem e a casca do tronco são utilizadas na medicina pantaneira.

As inflorescências formadas por até 50 flores, tubulosas, de cerca de 8 cm de comprimento, são bem redondas e se formam na parte terminal dos ramos, atraindo beija-flores e outros tipos de pássaros. Os frutos são cápsulas compridas e achatadas, com cerca de 15 cm de comprimento, por 6,5 cm de largura. Esverdeados mesmo quando estão maduros, os frutos se abrem naturalmente, expondo sementes circulares, protegidas por uma espécie de paina, que facilita sua dispersão pelo vento. Papagaios e periquitos roem o frutos ainda verdes para se alimentar das sementes.

No Sudeste e Centro-Oeste, a florada ocorre de julho a setembro. No Pantanal matogrossense, a espécie pode florescer juntamente com o ipê-roxo ou rosa, proporcionando um duplo espetáculo. Como outros ipês, a propagação é feita por sementes, que demoram até 30 dias para brotar. A taxa de germinação é de 50%.

Quando o ipê-cascudo floresce no cerrado de Nova Lima (MG), a paisagem está árida

Tabebuia chrysotricha

Ipê-amarelo, ipê-do-morro, pau-d'arco-amarelo, ipê-paulista, ipê-de-minas, pau-d'arco

Família *Bignoniaceae*

Encontrada do Nordeste ao Sul do Brasil, a *Tabebuia chrysotricha* mede de 5 m a 10 m de altura e até 50 cm de diâmetro de tronco e tem casca pardo-acinzentada e fissurada, que se desprende em pequenos pedaços. A copa é grande em comparação ao tamanho da árvore, o que a destaca ainda mais na paisagem quando ela floresce, após toda a folhagem cair.

As folhas medem de 3 cm a 10 cm de comprimento por cerca de 5 cm de largura e são compostas, opostas, digitadas e formadas por 5 folíolos pilosos, de formato elíptico-lanceolado. As flores têm as mesmas características dos demais ipês e medem até 6 cm de comprimento. Os frutos ferrugíneos são cilíndricos, levemente pilosos e têm cerca de 35 cm de comprimento por 3 cm de largura. No Sul, no Sudeste e no Centro-oeste, a florada ocorre de julho a setembro, no Nordeste entre dezembro e janeiro.

O pau-d'arco se propaga como os outros ipês.

Na Mata Atlântica, a *Tabebuia chrysotricha* espécie chega a medir 10 m de altura

A flores surgem em grupo e medem até 6 cm de comprimento

Mesmo jovens, os frutos são ferrugíneos e levemente pilosos

A *Tabebuia chrysotricha* pode ser encontrada nas matas que restaram dos canaviais nordestinos, beiras de estradas, cafezais de Minas Gerais, pastagens em geral e em inúmeras cidades. Em João Pessoa (PB), o Parque Solon de Lucena tem 67 exemplares. Quando eles florescem entre dezembro e janeiro, o número de visitantes mais que dobra. As crianças adoram brincar no tapete de flores que se forma sob sua copa

Silvestre Silva

A folhagem do ipê-púrpura é uma das mais ornamentais do gênero. Ela é palmada e acizentada, destacando a espécie na paisagem

Tabebuia gemmiflora

Ipê-purpura, ipê-violeta, ipê-vermelho

Família *Bignoniaceae*

É nas terras áridas da caatinga que o ipê-purpura se destaca. E não é apenas quando está florido, já que sua folhagem verde-esbranquiçada também se destaca na paisagem. Como muitas árvores nativas do bioma, a espécie não cresce muito: mede de 4 m a 5 m de altura e tem até 20 cm de diâmetro de tronco, que é bastante tortuoso.

A copa da *Tabebuia gemmiflora* é rala e formada por folhas grandes e palmadas, com três a cinco folíolos, lisos, de ápice acuminado, nervuras bem marcadas e com leve pelugem na face inferior. Na época da floração, a folhagem cai, exaltando as belas flores que se formam em panículas, nas pontas dos ramos. Com

Na caatinga, as flores púrpuras surgem entre agosto e setembro. Os frutos amadurecem quatro meses depois e têm sementes com membranas para que plainem sob a ação do vento

até 6 cm de comprimento, as flores se reúnem em grupo de três a sete e são púrpuras, com miolo amarelo. Coloração que a direfencia dos demais ipês. Os frutos são vagens verdes, quase negras, cilíndricas e pendentes, que se abrem naturalmente para "jogar" ao vento suas sementes retangulares e com mebrana sedosa que facilita o voo para longe da planta-mãe. Mesmo que não chova na caatiga, a floração ocorre de agosto a setembro e os frutos amadurecem até quatro meses depois.

O ipê-púrpuro se propaga por sementes, que demoram até um mês para brotar. A taxa de germinação varia de 40% a 50%. O plantio pode ocorrer em qualquer tipo de solo.

Silvestre Silva

S

Curiosamente, as flores do ipê-roxo alimentam tanto araras-azuis quanto formigas. Os pequenos insetos levam as pétalas cuidadosamente para dentro dos formigueiros

Tabebuia heptaphylla

Ipê-roxo, ipê-roxo-de-bola, pau-d'arco-roxo, ipê-roxo-de-sete-folhas, piúva-do-pantanal, piúva-do-campo, piúva-roxa, piúva, peúva

Família *Bignoniaceae*

O ipê-roxo está amplamente distribuído pelo Brasil. Ele pode ser encontrado da região amazônica ao Rio Grande do Sul, incluindo o Centro Oeste. Além disso, habita a Argentina, o Peru, as Guianas, a Bolívia, o Paraguai - em espanhol, é chamado de lapacho. No entanto, existem diversas espécies conhecidas como ipê-roxo e a distinção entre elas é muito complicada, já que elas são praticamente idênticas. Mais um motivo para os especialistas fazerem uma revisão taxonômica do gênero.

Os ipês-roxos mais parecidos são a *Tabebuia heptaphylla* e a *Tabebuia impetiginosa*, que medem até 20 m de altura e 80 cm de tronco quando encontrados em matas abertas. No meio da Floresta Amazônica fica com porte bem maior, chegando a ter fuste com 1,5 m de diâmetro. Curiosamente, na Amazônia, as árvores crescem em áreas de terra firme, mas no pantanal matogrossense é possível encontrá-las e locais alagados temporariamente.

A copa do ipê-roxo pode ser ampla e larga ou arredondada. As folhas de até 14 cm de comprimento por 6 cm de largura são formadas por cinco ou sete folíolos lisos, serreados com ápice acuminado e pecíolo longo. As flores surgem em panículas em forma de bola, encobrindo toda a árvore de cor, quando ela está sem folhas. As flores medem até 5 cm de comprimento são tubulares e podem ser encontrado em diversos tons de rosa e roxo. Ricas em néctar, elas atraem muitos pássaros e animais, inclusive, são um importante alimento para araras-azuis e macacos do pantanal. A época de floração e de frutificação varia de uma região para outra. No Sul e no Sudeste a florada ocorre entre maio e julho, antes dos ipês-amarelos. No Pantanal, acontece entre julho e setembro, muitas vezes junto com a dos ipês-amarelos.

Os frutos são cápsulas, lisas, com 15 cm a 30 cm de comprimento por até 2 cm de espessura, e abrigam as sementes simetricamente. Leves, finas e encobertas por membrana branca, as sementes são facilmente levadas pelo vento.

Os ipês-roxo se propagam por sementes que demoram até 15 dias para brotar. A taxa de germinação chega a ser de 90%. O crescimento da muda é rápido.

A folhas são compostas por cinco a sete folíolos. Elas surgem avermelhadas e se tornam verdes com o passar do tempo

Na Amazônia, o ipê-roxo cresce em áreas de terra firme e chega a medir mais de 20 m. Por isso, desenvolve sapopema

Os indígenas consideram a casca do tronco da *Tabebuia heptaphylla* medicinal e usam a madeira para criar arcos e flechas, dái o nome popular: pau-d'arco

Silvestre Silva

Rústico, o ipê-roxo se desenvolve nas mais diversas situações: áreas alagadas, de terra firme, úmidas, secas....

Tabebuia impetiginosa

Ipê-rosa, ipê-róseo, pau-d'arco-rósea, piúva-da-mata, piúva-da-folha-larga, piúva-roxa, piúva-preta, ipê-de-minas

Família *Bignoniaceae*

Certamente o melhor lugar para ver o ipê-rosa florido é no Pantanal. São dezenas de árvores coloridas ao mesmo tempo nas terras firmes ou mesmo nas alagadas. Em alguns anos, a espécie ainda floresce junto com os ipês amarelos – proporcionando um duplo espetáculo na região.

Mas a *Tabebuia impetiginosa* também pode ser encontrada em outros estados brasileiros, do Nordeste ao Sul, o que demonstra sua rusticidade. Na Caatinga e no Cerrado ela mede de 8 m a 15 m de altura. Nas florestas pluviais ultrapassa os 25 m e chega a ter 1 m de diâmetro de tronco.

As folhas da espécie têm cerca de 18 cm de comprimento por 10 cm de largura e são compostas por cinco folíolos, duros e de ápice acuminado. A florada ocorre quando a árvore está caduca e é bastante confundida com a de outras *Tabebuia*. Tudo indica que nessa espécie. as flores sejam de um rosa mais claro. A floração atrai muitos pássaros – como araras e periquitos – e até mesmo macacos que se alimentam de suas pétalas. Também está cada vez mais comum encontrar as flores desse ipê em refeições preparadas por chefs.

O ipê-rosa se propagação é por sementes, como as outras espécies.

Embora seja chamada de ipê branco, a espécie tem flores branco-rosadas. Para identificá-la quando está sem flor, repare no tronco: ele é pardacento e se solta em pequenas lascas

Tabebuia roseo-alba

Ipê-branco, ipê-branco-do-cerrado, ipê-branco-do-campo, ipê-branco-da-serra, piúva-branca, pertinga, piuxinga, piruxinga

Família *Bignoniaceae*

Encontrado no Suldeste e no Centro-Oeste, este ipê com flores brancas proporciona um espetáculo particular quando floresce. É possível conferir em várias vias públicas das cidades destas regiões. Ele mede entre 10 m e 18 m de altura e tem tronco de até 60 cm de diâmetro, recoberto por casca pardo-acizentada que se solta em pequenas lascas.

O formato da copa varia muito. Ela pode ser baixa, alta, adquirir formato piramidal ou ser bem arredondada. As folhas medem de 5 cm a 11 cm de comprimento por até 13 cm de lagura e são compostas por três folíolos verde-escuros, recobertos por leve pelugem, que se tornam marrons antes de caírem. As flores não são totalmente brancas, têm um leve tom rosado, por isso, a árvore ganhou o nome científico de *roseo-alba*. Também existem variedades da espécie com flores totalmente rosa. A época de floração varia de um local para o outro. No Sudeste e Centro-oeste, ela ocorre após a do ipê-amarelo, entre os meses de agosto e outubro.

No Nordeste existe uma espécie bem semelhante, batizada de *Tabebuia elliptica*, de porte maior e até cinco folíolos por folha. Ela floresce entre fevereiro e março.

Silvestre Silva

Tempo de Ipê
Carlos Drummond Andrade

"... Estou abençoando a terra
pela alegria do ipê.
Mesmo roxo, o ipê me transporta
ao círculo da alegria,
onde encontro, dadivoso, o ipê-amarelo.
Este me dá boas-vindas
e apresenta: - Aqui é o ipê-rosa.
Mais adiante seu irmão, o ipê-branco ..."

Com ampla dispersão pelo Brasil, a espécie é rústica e muito cultivada. A época de floração varia de uma região para a outra

Tabebuia serratifolia

Pau-d'arco-amarelo, ipê-amarelo, ipê-pardo, ipê-do-cerrado, piúva-amarela, tumurá, tuíra, ipê-amarelo

Família *Bignoniaceae*

Encotrada na Amazônia, no Nordeste, no Sudeste e no Centro-Oeste, a *Tabebuia serratifolia* mede até 25 m de altura e atinge cerca 70 cm de diâmetro de tronco. No entanto, quando a árvore cresce em ambientes como o Cerrado e a Caatinga, ela adquire porte bem reduzido, de cerca de 5 m.

A casca do tronco é cinzenta, fissurada, com 15 mm de espessura, e se solta em pequenas lascas. Como o fuste costuma ser grosso e cilíndrico, a madeira de qualidade do pau-d'-arco-amarelo já foi amplamente explorada na construção civil, naval e na movelaria.

As folhas que formam a copa deste ipê-amarelo são compostas por cinco folíolos oblongos, com 6 cm a 17 cm de comprimento, por cerca de 4 cm de largura, serrilhados nas bordas. Daí, o nome científico da espécie: *serratifolia*. As flores apresentam estrutura tubular e suas sépalas são consumidas por pássaros, macacos e inúmeros outros bichos quando caem no chão. Os frutos são semelhantes aos dos outros ipês: pendentes, cilintricos e estreitos, com as sementes retangulares, laminares e leves, dispostas simetricamente uma a cima da outra.

A época de florada e frutificação varia de uma região para a outra.

Tachigali myrmercophilla
Tachi-preto, taxi-preto, taxi-preto-da-folha-grande

Família *Leguminosae*

A *Tachigali myrmercophilla* é mais uma espécie amazônica com características únicas. Ela tem um tempo de vida determinado e floresce e frutifica apenas uma vez na vida, no máximo, aos 40 anos de idade. Passada essa fase, a árvore, literalmente, seca. Em alguns locais, é possível vê-la em pé já sem vida, em outros, a árvore cai com a ação das intempéries.

O nome-popular, taxi-preto, demontra outra de suas curiosidades. A espécie vive em mutualismo com as terríveis formigas pretas e grandes, conhecidas como taxi, que têm ferroada muito dolorida e incomoda seringueiros, viajantes das matas e ribeirinhos. As formigas defendem a árvore dos predadores e, em troca, a árvore "permite" que elas vivam em seu tronco.

Com até 40 m de altura, o taxi-preto é uma das maiores árvores da floresta, o que torna fácil avistá-lo nas áreas de terra-firme do Pará e do Amapá. Para se sutentar, seu tronco desenvolve pequenas sapopembas na base e é recoberto por casca grossa – de até 2 cm de espessura –, negra, e rica em tanino. A madeira marrom, quase dourada, é de boa qualidade e utilizada na construção civil e naval, na confecção de tacos, de divisórias e de outros objetos decorativos

As folhas da árvore são compostas, alternas, imparipinadas, com pecíolo relativamente longo e folíolos recobertos por leve pelugem dourada. As inflorescência se formam nos ramos terminais e as flores amareladas medem 1 cm de comprimento. Os frutos são leguminosos e se abrem naturalmente quando amadurecem, liberando as sementes para serem dispersadas pelo vento. A floração ocorre entre setembro e outubro, época de seca na região amazônica, e os frutos amadurecem a partir de fevereiro.

A espécie se propaga por sementes, que demoram cerca de um mês para germinar. O crescimento da muda é rápido.

Curiosamente, a espécie de até 40 m floresce e frutifica apenas uma vez na vida

Silvestre Silva

Os frutos em forma de pinha surgem verdes, depois eles secam e se abrem naturalmente, exibindo lindas sementes vermelhas, muito utilizadas como elemento decorativo

A árvore pode atingir até 30 m de altura e tem folhas grandes e coriáceas

Talauma ovata

Pinha-do-brejo, pinheiro-do-brejo, magnólia-do-brejo, araticum-do-brejo, pinha-da-mata, baguaçu, avaguaçu, bicuíbaçu, pau-palheta

Família *Magnoliaceae*

Os apelidos da espécie fazem referência a outras plantas com características parecidas: pinha-do-brejo compara seus frutos com os da fruta-do-conde; magnólia-do-brejo é uma menção à exótica magnólia, introduzida no paisagismo brasileiro, com flores bem parecidas.

A *Talauma ovata* é encontrada na Mata Atlântica da Bahia ao Rio Grande do Sul, mede até 30 m de altura e tem tronco de cerca 1 m de diâmetro, recoberto por casca lisa, cinzenta ou amarronzada. As folhas da árvore chegam a medir 20 cm de comprimento por 8 cm de largura e são simples, ovais, alternas, verde-escuras na face superior e verde-claras na inferior.

Em geral, a árvore floresce entre setembro e outubro. As flores são brancas, perfumadas, com muitas sépalas e pétalas e chegam a medir 15 cm de largura. Elas são hermafroditas e polinizadas por besouros, mamangavas, passarinhos e outros animais da mata, como macacos. Os frutos amadurecem de seis a oito meses após a florada. Eles são lenhosos – do tipo sincarpo –, chegam a medir 18 cm de comprimento por 12 cm de largura e abrigam até 120 sementes, uniformemente, em pequenas cavidades. Com arilo vermelho e brilhantes, as sementes são expostas ao vento quando os frutos secam e se abrem naturalmente.

As sementes são ricas em óleo esssencial e demoram de 2 a 3 meses para brotar. A taxa de germinação é de no máximo 50%.

A copa da pitomba é bastante ampla, o tronco é curto e a frutificação ocorre entre janeiro e abril

Talisia esculenta

Pitomba

Família *Sapindaceae*

A pitombeira vive nas matas primárias de terra firme e nas capoeiras da parte ocidental da Amazônia, também habita a Mata Atlântica do Nordeste. Nessas regiões, ela é bastante cultivada nas cidades e em ambientes rurais, o que torna fácil encontrar suas deliciosas frutas nos mercados e feiras.

Trata-se de uma árvore de fuste retilíneo, pequeno porte, de 6 m a 12 m de altura, e tronco de até 30 cm de diâmetro, recoberto por casca acizentada, com manchas esbranquiçadas causadas por líquens. A copa é bastante ramificada, ampla, e formada por folhas compostas, pinadas, com 2 a 4 pares de folíolos, de ápice acuminado e 7 cm a 13 cm de comprimento por cerca de 5 cm de largura.

As inflorescencias extremamente bonitas são terminais ou axilares, multirramificadas e têm até 20 cm de comprimento. As flores são pequenas, andrógenas, brancas e muito perfumadas. Os frutos do tipo bacáceo medem cerca de 2 cm de diâmetro, pensam em média 5 g e abrigam uma ou suas sementes grandes para o seu tamanho. A casca dos frutos é amarelada, dura e fácil de ser removida quando comprimida com os dedos. A porção comestível é o arilo translúcido, suculento e de sabor agridoce, consumido apenas ao natural. A época de frutificação varia muito de um local para outro. Na maior parte da Amazônia brasileira, ela ocorre de janeiro a março; já em Belém, onde o período de estiagem é escasso, a produção ocorre entre setembro e janeiro. Em Recife (PE), os frutos surgem entre janeiro e abril.

A propagação da pitombeira é feita por sementes, que germinam em cerca de um mês, ou por enxertia.

O cacho de pitombas tem formato muito uniforme. Os frutos apresentam polpa gridoce, de sabor agradável e são consumidos apenas ao natural

Nas décadas de 1970 e 1980 era comum ver nas praias de Recife (PE) vendedores de pitomba carregando as frutas nas costas em grandes peneiras amarradas por cordas em varas de madeira, parecidas com cabos de vassora. As frutas também eram vendidas em outros pontos turísticos da capital pernambucana em carrinhos de construção e em outras varidas formas. Atualmente, a fruta é encontrada apenas em feiras.
Na histórica cidade vizinha, Olinda, um tradicional bloco carnavalesco com o nome de Pitombeira dos Quatro Cantos anima os foliões pelas ladeiras da cidade há décadas.
Em Jaboatão dos Guararapes, também em Pernambuco, acontece anualmente, no mês de abril, festejos considerados profanos intitulados Festa da Pitomba

As folhas compostas da espécie surgem verde-claras, mas se tornam verde-escuras com o tempo

Terminalia acuminata
Guarajuba

Família *Combretacea*

A *Terminalia acuminata* foi considerada extinta no seu hábitat, a Mata Atlântica de São Paulo ao Espírito Santo, e poucos exemplares cultivados são conhecidos. Felizmente, três foram descobertos na década de 2000, no Jardim Botânico do Rio de Janeiro. Possivelmente, a raridade da espécie esteja ligada à ampla devastação florestal da região sudeste para a ampliação de fazendas e de outros tipos de propriedades rurais. Além disso, acredita-se que no passado a árvore de madeira dura e resistente tenha sido muito explorada para a confecção de variados produtos: portas, janelas, assoalho, reforço do telhado, batentes, rodas de engenho, peças para carro de boi, e até grandes cochos.

A guarajuba mede de 15 m e 25 metros de altura e tem tronco cilíndrico e reto de até 80 cm de diâmetro, recoberto por casca cinza-escura, que se solta em pequenas lascas. Depois de seca, a parte interna da casca fica com coloração amarelada muito atrativa. As folhas são compostas, pinadas, com 4 a 8 folíolos, de cerca de 10 cm cm de comprimento por 5 cm de largura, macios, lanceolados, verde-claros quando jovens e verde-escuros após se desenvolverem. Supõe-se que as flores surjam em panículas terminais e sejam pequenas e branco-amareladas, como as de outras espécies do gênero. Os frutos são sâmaras bege, leves, parecidas com pequenas borboletas, facilmente dispersadas pelo vento.

Um bom sinal para a recuperação da guajaruba é que os pesquisadores do Jardim Botânico do Rio de Janeiro têm reproduzido e doado as sementes da espécies. O Jardim Botânico de Inhotim, recebeu 300 g de sementes e já conta com um exemplar transplantado para o local definitivo.

Os frutos parecem pequenas borboletas e são levados pelo vento

As flores surgem em inflorescências muito vistosas, cor de creme

Terminalia brasiliensis

Amarelinho, amêndoa-brava, cerne-amarelo, capitão, capitão-do-campo, capitão-do cerrado, mussambê, pau-de-bicho, canoé-de-botão, cambuim

Família *Combretaceae*

A árvore de formas harmonisas se destaca na paisagem, principalmente nos descampados das pastagens da beira de estradas. Na natureza, ela é encontrada em matas densas e no Cerrado da Bahia ao Sudeste, no Planalto Central, no Paraná, no Mato Grosso do Sul e em Tocantins.

A espécie mede de 8 m a 18 m de altura e tem tronco de cerca de 60 cm de diâmetro, recoberto por casca escura, quase negra, com interior avermelhado. Rica em tanino, a casca já foi usada para curtir couro e na medicina popular.

A copa é formada por folhas simples, verde-escuras, pilosas, de ápice arrendondado e com nervuras aparentes. Elas medem de 6 cm a 9 cm de comprimento por cerca de 4 cm de largura e se distribuem harmoniosamente pelas pontas dos ramos finos de coloração ferrugínea. As inflorescências são pendentes, surgem em racemos terminais e são formadas por flores pequenas, hermafroditas, de coloração creme e procuradas por abelhas e outros insetos que colaboram na polinização. Em alguns anos a florada é espetacular e encobre toda a copa de cor, em outros a flroação é mirrada. Os frutos são sâmaras, pequenas e leves, de coloração bege a cinzenta muito ornamentais. Tanto, que os ramos com frutos secos são comercializados na famosa feira de flores do campo, em Brasília para a composição de arranjos. A floração ocorre entre os meses de agosto a setembro e os frutos amadurecem três meses depois.

A propagação da árvore é feita por sementes que demoram cerca de 2 meses para germinar e o crescimento da muda é lento.

A árvore de até 18 m de altura é elegante e floresce no fim do inverno em Brumadinho, MG

Os galhos do araçá-d'água são espaçados e as folhas surgem marrom-claras e ficam verdes com o tempo

Terminalia kuhlmannii
Araçá-d'água, pelada

Família *Guttiferae*

Bela árvore ameaçada de extinção devido ao uso intenso da sua madeira. Pior, é que a taxa de regeneração natural é baixa e a degradação do seu hábitat constante.

O araçá-d'água é nativo da Mata Atlântica da Bahia ao Rio de Janeiro, mede de 15 m a 30 m de altura e tem tronco de até 80 cm de diâmetro, recoberto por casca fina, lisa, marrom-clara, que se torna marrom-escura à medida que envelhece. Depois, a casca se solta em lascas compridas e pequenas. Essa variação de cor do tronco ajuda a identificar a espécie no meio das matas.

Durante o inverno, o araçá-d'água perde parcial ou totalmente as folhas, que se distribuiem de forma homogênea nas extremidade dos ramos. Simples, coriáceas, com ápice elípitico e 6 cm a 14 cm de comprimento por cerca de 6 cm de largura, as folhas brotam marrom-claras e vão se tornando verdes com o passar do tempo.

As flores surgem em rancemos terminais e são pequenas, cor de creme, hermafrodiats e sem pendúculo. Os frutos são sâmaras, parecidas com pequenas borboletas, de cerca de 6 cm de largura, também cor de creme quando amadurecem. A floração acontece entre julho e agosto e a frutificação, entre maio e julho.

As sementes do araçá d'água são compridas, com cerca de 1 cm de comprimento, da mesma cor do fruto, e demoram cerca de 2 meses para brotar. A taxa de germinação é baixa. Por isso, a espécie necessita de uma ajuda humana para melhorar sua dispersão. Pela beleza, devia ser mais explorada no paisagismo.

No Jardim Botânico de São Paulo, é possível apreciar a árvore com frutos em forma de borboleta

Silvestre Silva

Nos cacauais, o solo fica forrado de folhas caídas. A espécie pode ser cultivado como planta ornamental na região Norte e Nordeste do Brasil, sob a sombra de árvores grandes

Theobroma cacao

Cacaueiro, cacau, cacao

Família *Bignoniaceae*

Além de ser o responsável pela existência do chocolate, o cacaueiro também é muito ornamental. Ele mede de 6 m a 12 m de altura e tem até 30 cm de diâmetro de tronco, que é curto e emite cinco ramos – o que é chamado de quincotômico. A copa arredondada proporciona uma bela área de sombra e é formada por folhas pendentes, simples, alternas, com estrias bem definidas, ápice atenuado e 15 cm a 25 cm de comprimento.

As flores da espécie são pequenas, brancas-amareladas, com detalhe róseo e surgem em grande quantidade em fascículos ou isoladas, contornando troncos e galhos. Elas são polinizadas por moscas do gênero *Forcipomya*, indispensáveis para a frutificação. Os frutos são cápsulas alongadas, lisas, de 10 cm a 30 cm de comprimento por 7 cm a 20 cm de largura, com sulcos longitudinais e casca grossa, rugosa, amarela ou vermelha- escura. Os frutos não se desprendem da planta mãe naturalmente e chegam a pesar de 200 g a 400 g. Cada um abriga cerca de 40 sementes, envoltas por polpa branca, doce e levemente acida, que pode ser consumida in natura, em sucos, sorvetes, geléias doces, bolos, e até ser congelada para uso posterior. Após secarem, as sementes são processadas para a produção do cacau em pó e de um tipo de manteiga, duas especiarias usadas na produção do chocolate.

O cacu se propaga facilmente por sementes e é uma espécie ideal para cultivar na praia.

As flores brancas surgem em grande quantidade contornando tronco e galhos. Elas precisam ser polinizadas pelas moscas *Forcipomya* para frutificarem

CURIOSIDADES:
- O chocolate e o café são as duas bebidas mais populares e conhecidas no mundo. Ambas especiarias unem as pessoas em casas especializadas em todos os continentes
- "Cacau" é o nome do 2º romance do escritor baiano Jorge Amado (1912-2001), publicado na década de 1930. A árvore e seus frutos também foram citados em outras 13 obras literárias.
- A cinematografia mundial já produziu inúmeros filmes com tema central relacionado ao cacau ou ao chocolate

Theobroma grandiflorum
Cupuaçu
Família *Malvaceae*

É cada vez mais comum apreciar o fruto do cupuaçu no Brasil e no mundo. Acredita-se que em poucos anos ele alcançará a fama conquistada pelo açaí. Tanto, que já houve tentativas internacionais de registrar o nome cupuaçu, o que levaria os brasileiros a pagarem *royalties* quando fossem comercializar as frutas da própria árvore nativa. O sucesso dos frutos pode ser explicado pelo sabor das sementes, que, processadas, alcançam características parecidas com as do chocolate. Chamado de cupulate, esse doce de cupuaçu ainda tem a vantagem de ser mais nutritivo. A polpa também é deliciosa e utilizada em mais de 50 receitas na região Norte, onde é amplamente cultivada. Na cidade de Presidente Figueiredo, todos os anos, em maio, acontece a festa do cupuaçu.

Originária das áreas de terras firmes da região amazônica, principalmente do Pará, a árvore tem tronco reto e chega a atingir mais de 18 m de altura no seu hábitat. Mas quando é cultivada, adquire porte bem menor, de apenas 6 m, e forma ramificações tricotômicas e copa aberta a 50 cm do solo. Suas folhas são grandes, com 12 cm a 25 cm de comprimento e cerca de 11 cm de largura, lisas na parte superior, com leve pilosidade na inferior e púrpuras quando jovens. As flores são as maiores do gênero *Theobroma* e surgem entre setembro e novembro, reunidas em grupos de dois a quatro nos troncos e galhos. Elas também são púrpuras e apresentam cinco pétalas espessas e ovário com cinco lóculos e dez óvulos. A frutificação ocorre de dezembro a maio, conforme o índice pluviométrico do ano. Os frutos são bagas levemente alongadas, com 10 cm a 35 cm de comprimento, de coloração marrom, casca dura, áspera e lenhosa que precisa ser aberta com alguma ferramenta. Seu aroma característico torna fácil encontrar a árvore na floresta.

O cupuaçu se propaga por enxeria ou sementes que precisam ser colocadas para germinar logo após a colheita dos frutos. Elas demoram cerca de treze dias para brotar. A taxa de germinação é de cerca de 95%. As plantas originárias por enxertia começam a produzir frutos aos dois anos e meio de idade, já as plantas semeadas demoram de três a quatro anos.

Quando cultivado, o cupuaçú forma ramos baixos, o que facilita a colheita dos frutos grandes. A casca deles é dura e precisa ser aberta com ferramenta

Com as sementes se faz o cupulate, um doce parecido com o chocolate, mas muito mais nutritivo

Na época de produção, o cupuaçu está a venda em todos os portos da Baia de Guajará, em Belém do Pará. A fruta já é utilizada em cervejas, pães, biscoitos e muitos outros produtos. Suas curiosas flores apresentam cinco pétalas grossas, ovário com cinco lóbulos e são as maiores do gênero

Silvestre Silva

165

Theobroma speciosum
Cacauí

Família *Malvaceae*

As pequenas flores do caucaí têm aroma de limão, coloração escarlate e surgem entre junho e julho reunidas em grupos, diretamente do tronco. A beleza da floração é uma das muitas grandes surpresas da Floresta Amazônica. Ainda mais porque as flores atraem os mais diversos insetos – de joaninhas a mariposas –, que ajudam na polinização e tornam a produção dos frutos farta.

Os frutos surgem de fevereiro a abril e também se agrupam no caule da árvore. Eles medem cerca de 9 cm de comprimento por 7 cm de diâmetro, pesam mais ou menos 200 g e têm casca aveludada e macia, fácil de remover. No entanto, os frutos não são aromáticos e possuem pouca polpa. Para compensar, cada um apresenta em torno de 20 sementes que ao serem trituradas – dizem – adquirem sabor parecido com o do chocolate. Mas é difícil encontra-las no mercado.

A árvore do caucaí está bem distribuída pelas áreas de terra firme da região amazônica até o Mato Grosso e raramente ultrapassa os 15 m de altura. Sua copa simples, irregular e pequena é formada pelas maiores folhas do gênero. Cada uma mede de 20 cm a 40 cm de comprimento por 7 cm a 18 cm de largura e apresenta oito pares de nervos bem definidos. Com formato oblongo, a folhagem surge dura e avermelhada.

O cacaui se propaga por sementes ou enxertia.

As aromáticas e púrpuras flores do cacauí surgem diretamente do tronco. Os frutos de cerca de 9 cm de comprimento também

A árvore é bastante encontrada do Mato Grosso à Região Amazônica. Elas medem no máximo 15 m de altura

Tibouchina granulosa
Quaresmeira, quaresma

Família *Melastomataceae*

Entre dezembro e março, a encosta da Mata Atlântica, da Bahia até Santa Catarina, fica colorida pela intensa florada da quaresmeira. Mas a brasileiríssima espécie também habita capoeiras, capoeirões e restingas litorâneas, e é amplamente cultivada no paisagismo urbano e residencial. Tanto, que ela é a árvore símbolo de Belo Horizonte, MG.

O nome popular, quaresmeira, faz alusão à coloração intensa da florada. Na celebração cristã chanada de Quaresma, o roxo é a cor litúrgica. Mas além de roxas, as flores também podem ser lilases e, em variedades raras da espécie, rosa. Com cinco pétalas, estames longos e curvos, as flores se desenvolvem nas pontas dos ramos e, em regiões úmidas, além de brotarem no verão também surgem no outono.

A quaresmeira mede de 8 m a 12 m de altura e tem tronco de até 40 cm de diâmetro, recoberto por casca escura e escamosa. A copa arredondada e densa é formada por ramos quadrangulares e folhas verde-escuras, de cerca de 12 cm de comprimento por 5 cm de largura, com nervuras paralelas bem marcadas, textura áspera e fina pelugem em ambas as faces.

Os frutos são pequenas cápsulas marrons, com sementes bem pequenas – é necessário três milhões delas para se obter um quilo. Como as sementes não podem ser armazenadas e apresentam baixa taxa de germinação, elas devem ser colhidas após a floração principal – de verão – e cultivadas logo em seguida, em local sombreado e substrato fértil. A espécie também pode ser propagada por alporquia.

Encontradas com flores de diversas cores, as quaresmeiras são uma das árvores mais utilizadas no paisagismo

Silvestre Silva

As folhas da quaresmeira têm nervuras vermelhas; os botões florais são pilosos; a cor da flores mais comum é a arroxeada

Tibouchina mutabilis

Manacá-da-serra, jacatirão, cuipeúna, pau-de-flor e jacatirão-de-joinvile

Família *Melastomataceae*

É comum confundir o manacá-da-serra com a quaresmeira (pág. Xx), espécies do mesmo gênero e bastante parecidas. Mas o tronco do manacá-da-serra é um pouco menor, de coloração mais clara e quase todo recoberto de liquens. Além disso, os ramos são mais finos e lisos, enquanto os da quaresmeira são quadrangulares. As folhas têm aspecto semelhantes, no entanto são menores, com 8 cm a 10 cm de comprimento por cerca de 4 cm de largura.

Outra diferença entre as duas espécies de *Tibouchina* é a maneira como as floração se desenvolve entre novembro e janeiro – dependendo das condições climáticas. No manacá-da-serra, as flores brotam brancas e à medida que envelhecem se tornam rosa e roxas, deixando a copa da árvore por algum tempo tricolor. Daí o nome da espécie ser *mutabilis*. A coloração das flores muda em decorrência do amadurecimento das partes masculinas e femininas, que liberam e recebem o pólen.

Assim, como a quaresmeira, o manacá-da-serra também forma grandes concentrações nas matas secundárias da Mata Atlântica, principalmente nos arredores de Joinville (SC), onde ficou conhecido como jacatirão-de-joinville.

Para o manacá-da-serra manter as características da planta mãe é recomendado propagar a árvore por alporquia ou estaquia.

Existe uma variedade da espécie conhecida como manacá-da-serra-anão, que atinge no máximo 4 m de altura, forma galhos desde a base e é muito utilizada no paisagismo. Ao contrário da arvoreta maior, ela floresce no inverno – época de poucas flores.

As flores da espécie nascem brancas e mudam de cor após serem polinizadas

O manacá-da-serra transforma os capoeirões das encostas e das capoeiras da Mata Atlântica, como a da Serra do Mar, SP, em um grande espetáculo

Triplaris americana

Pau-de-formiga, novateiro, novateiro-de-mato-grosso, pau-de-novato

Família *Polygonaceae*

A árvore feminina desta espécie dioica – com exemplares machos e fêmeas separados – fica espetacular durante a florada. Suas flores nascem bege e ficam rubras à medida que envelhecem, enquanto nos exemplares masculinos, as flores não mudam de cor e não chamam tanta atenção. O interessante é que as flores fêmeas apresentam pelugem e formato parecido com um cata-vento para se dispersarem com o vento. Sob suas "asas", elas levam minúsculos frutos marrons e trilobados que podem brotar a metros de distância da espécie. Tal característica faz com que a florada dure bastante tempo.

Independentemente do sexo, a árvore de porte retilíneo mede até 20 m de altura e tem tronco de até 50 cm de diâmetro, levemente acanelado e com casca cinza, quase negra, descamante. Curiosamente, o tronco e os ramos são ocos e servem de abrigo a formigas – daí o nome popular pau-formiga. O convívio entre árvore e inseto é pacífico, porque, em contrapartida, as formigas a protegem de predadores, como cupins.

As folhas do pau-formiga são grandes, duras, com estria central amarela bastante visível e 15 cm a 25 cm de comprimento por cerca de 12 cm de largura. Antes da floração, as folhas secam e caem paulatinamente.

A *Triplaris americana* é encontrada nas matas de galeria próximas a lagos do Mato grosso, do Mato Grosso do Sul, de Goiás e do oeste de São Paulo. Mas ela se adapta a áreas mais secas e é cultivada em cidades como Belo Horizonte (MG) er Rio de Janeiro (RJ). Sua regeneração natural é exemplar. No hábitat é possível avistar dezenas de mudas, de várias idades, crescendo bem próximas.

A propagação é feita por sementes que germinam facilmente em menos de um mês.

A árvore de porte retilíneo cresce rapidamente. As inflorescências de formato simétrico surgem quando ela está caduca. Nos exemplares femininos, as flores bege ficam vermelhas; no masculino, não

As flores pequeninas e com pelugem são dispersas pelo vento e levam junto minúsculos frutos

173

A árvore gosta de viver em áreas alagadas, como as várzeas do Rio Negro, AM, onde forma grandes aglomerados

O tachi-da-várzea é uma espécie dioica. Nos exemplares masculinos as flores são amareladas, no feminino, elas nascem brancas e se tornam vermelhas ou rosadas

Triplaris surinamensis

Tachi, tachi-da-várzea, tachi-preto

Família *Polygonaceae*

O nome tachi-da-várzea indica a procedência da árvore. Ela é encontrada nas várzeas-de-igapó da região amazônica, principalmente nas imediações do Rio Negro, em Manaus, onde forma grandes aglomerações. Em menor quantidade, a espécie também habita as matas de capoeiras. Já o apelido tachi-preto se refere à coloração do tronco, praticamente negro em áreas alagadas e cinza em regiões mais secas. Independentemente da cor, o tronco tem de 15 m a 25 m de altura por até 60 cm de diâmetro e casca que se solta em pequenas lascas.

A copa da árvore é harmoniosa e formada por muitos galhos que crescem ascendente. As folhas apresentam estria central proeminente e amarelada, face superior lisa e inferior com leve pelugem e são bastante compridas. Elas medem de 15 cm a 30 cm de comprimento por cerca de 8 cm de largura.

A *Triplaris surinamensis* é uma espécie parecida com a *Triplaris americana* (pág. Xx): dióica, convive harmoniosamente com formigas e, nos exemplares femininos, a flores mudam de cor. A diferença é que as flores femininas do tachi-preto nascem brancas e podem ficar vermelhas ou rosadas e as masculinas são amareladas permanentemente. Quando são levadas pelo vento e caem sobre as áreas alagadas, as flores servem de alimento a diversos peixes que também colaboram com com a dispersão da espécie. A florada acontece entre julho e outubro e os frutos amadurecem a partir de dezembro.

Silvestre Silva

Vochysia maxima
Quaruba, quaruba-verdadeira
quaruba-cedro, cedrorana

Família *Vochysiaseae*

Não à toa a espécie foi batizada de *maxima*. Ela mede até 40 m de altura e chega a ter 1,8 m de diâmetro de tronco – embora o mais comum seja encontrar exemplares com entre 60 cm e 80 cm de circuferência. Tais medidas e a qualidade e a coloração rosa-clara da madeira tornaram a árvore uma das mais cobiçadas pelos homens para a construção civil e naval e para a produção de movelaria de luxo.

Encontrada na floresta amazônica, a árvore tem casca cinza-escura, fissurada, que se desprende em pequenas lascas e copa pequena em relação ao porte. Ela é formada por muitos galhos e por folhas simples, de 4 cm a 9 cm de comprimento por cerca de 3,5 cm de largura, opostas, coriáceas, com formato elíptico e ápice acuminado.

A floração ocorre entre dezembro e março. As flores são amarelo-alaranjadas, pequenas e surgem em cachos densos, atraindo mamangavas e outros tipos de abelhas e insetos que colaboram na polinização. Os frutos, do tipo cápsula, medem cerca de 4 cm de comprimento, apresentam três lados e surgem verdes. Quando eles amadurecem, o que demora meses, ficam negros e se abrem naturalmente para expelir sementes aladas, que servem de alimento alimento a araras e papagaios.

A guaruba se propagas por sementes que demoram cerca de dois meses para brotar. A taxa de germinação é alta.

A árvore de até 40 m de altura tem copa pequena para o seu tamanho

Uma quaruba derrubada pelas intempéries, com impressionantes 3,20 m de diâmetro, encontrada em Monte Dourado, PA. Abaixo, orelha-de-pau fixada a ela, com 1 m de diâmetro

Vochysia thyrsoidea

Gomeira, pau-de-goma, árvore-da-goma, gomeira-de-minas, goma-da-lagoa-santa, casca-doce, vinheiro, vinheiro-de-minas, vinheiro-do-campo

Família *Vochyseaesea*

A árvore exsuda uma seiva utilizada para as mais diversas finalidades. Ela substitui a goma-arábica, tem características medicinais e é fermentada para a produção de um tipo de vinho. Daí muitos dos seus nomes populares: gomeira, pau-de-goma, vinheiro-de-minas, casca-doce, entre outros.

Além de útil, a espécie é muito ornamental. Com de 3 m a 9 m de altura e até 40 cm de diâmetro de tronco, a *Vochysia thyrsoidea* é pequena, tem copa irregular, mas formosa, e folhagem que se forma em verticilos – nos nós do caule –, geralmente em grupo de quatro. As folhas são simples, grandes, oblongas, coriáceas, com 9 cm a 16 cm de comprimento por cerca de 5 cm de largura e apresentam a face inferior mais clara.

A florada é duradora, ocorre entre dezembro e fevereiro, e torna a árvore ainda mais vistosa. As flores medem apenas 2 cm de comprimento, mas são amarelas e surgem em grandes inflorescências nas pontas dos ramos. Como em outras espécies do gênero, elas apresentam esporões e atraem borboletas, mariposas, mamangavas e outros insetos que colaboram na polinização.

Os frutos também são ornamentais e utilizados em arranjos florais após secarem. Em forma de cápsulas, eles amadurecem entre setembro e outubro, medem cerca de 3 cm de comprimento e pesam até 13 g. Eles se abrem naturalmente para expor as sementes aladas ao vento.

A gomeira é frequente nos campos de altitudes de Minas Gerais, Bahia, São Paulo, Ceará, Piauí e Goiás. Esse timpo de ambiente tem acima de 900 m de altitude e apresenta ecossistema particular, composto por ervas, gramíneas, arbustos e arvoretas de pequeno porte.

A espécie se propaga por sementes que demoram menos de um mês para brotar. Mas a taxa de germinação é baixa e é difícil cultivá-la fora do seu hábitat.

A árvore de até 9 m de altura, mas em afloramentos rochosos, como o da Serra da Moeda, MG, ela costuma ter porte entre 2 m a 4 m de altura. A florada ocorre no verão e é duradoura

Os tucanos adoram se alimentar das flores e dos frutos da árvore, por isso o nome popular, pau-de-tucano

Vochysia tucanorum

Pau-de-tucano, rabo-de-tucano, rabo-de-arara, amarelinho, fruta-de-tucano, cinzeiro, pau-doce. casca-doce, vinheiro, vinheiro-de-minas, vinheiro-do-campo

Família *Vochysiaseae*

A árvore ornamental é típica das matas primárias e dos cerrados do Rio de Janeiro, de São Paulo, do Paraná, de Minas Gerais, de Goiás, do Mato Grosso e do Mato Grosso do Sul. A espécie varia de 6 m a 15 m de altura e tem tronco de cerca de 40 cm de diâmetro, recoberto por casca grossa e cinzenta, que se solta em pequenas lascas. Em matas abertas, a árvore fica mais alta, em matas fechadas, forma grandes aglomerações e adquire porte um mais baixo.

A copa larga e compacta do pau-tucano é formada por folhas de cerca de 8 cm de comprimento por 3 cm de largura que crescem em verticilo, como nas outras espécies do gênero. Floração e frutificação também são parecidas com as de outras *Vochysia*. Tucanos e araras adoram se alimentar das pétalas das flores e das sementes dos frutos, o que originou os nomes populares da espécie, pau-tucano, rabo-de-tucano... A florada ocorre entre dezembro e março e a frutificação a partir do mês de agosto, conforme o índice pluviométrico do ano.

O pau-tucano se propaga por sementes que demoram até 2 meses para brotar, a taxa de germinação é baixa. Ele se desenvolve em vários tipos de solo e devia ser mais utilizada no paisagismo.

No verão, é possível reconhecer o pau-de-tucano nas regiões de altitude da Mata Atlântica pela floração amarela

V

Vochysia thyrsoidea

Gomeira, pau-de-goma, árvore-da-goma, gomeira-de-minas, goma-da-lagoa-santa, casca-doce, vinheiro, vinheiro-de-minas, vinheiro-do-campo

Família *Vochyseaesea*

A árvore exsuda uma seiva utilizada para as mais diversas finalidades. Ela substitui a goma-arábica, tem características medicinais e é fermentada para a produção de um tipo de vinho. Daí muitos dos seus nomes populares: gomeira, pau-de-goma, vinheiro-de-minas, casca-doce, entre outros.

Além de útil, a espécie é muito ornamental. Com de 3 m a 9 m de altura e até 40 cm de diâmetro de tronco, a *Vochysia thyrsoidea* é pequena, tem copa irregular, mas formosa, e folhagem que se forma em verticilos – nos nós do caule –, geralmente em grupo de quatro. As folhas são simples, grandes, oblongas, coriáceas, com 9 cm a 16 cm de comprimento por cerca de 5 cm de largura e apresentam a face inferior mais clara.

A florada é duradora, ocorre entre dezembro e fevereiro, e torna a árvore ainda mais vistosa. As flores medem apenas 2 cm de comprimento, mas são amarelas e surgem em grandes inflorescências nas pontas dos ramos. Como em outras espécies do gênero, elas apresentam esporões e atraem borboletas, mariposas, mamangavas e outros insetos que colaboram na polinização.

Os frutos também são ornamentais e utilizados em arranjos florais após secarem. Em forma de cápsulas, eles amadurecem entre setembro e outubro, medem cerca de 3 cm de comprimento e pesam até 13 g. Eles se abrem naturalmente para expor as sementes aladas ao vento.

A gomeira é frequente nos campos de altitudes de Minas Gerais, Bahia, São Paulo, Ceará, Piauí e Goiás. Esse timpo de ambiente tem acima de 900 m de altitude e apresenta ecossistema particular, composto por ervas, gramíneas, arbustos e arvoretas de pequeno porte.

A espécie se propaga por sementes que demoram menos de um mês para brotar. Mas a taxa de germinação é baixa e é difícil cultivá-la fora do seu hábitat.

A árvore de até 9 m de altura, mas em afloramentos rochosos, como o da Serra da Moeda, MG, ela costuma ter porte entre 2 m a 4 m de altura. A florada ocorre no verão e é duradoura

Os tucanos adoram se alimentar das flores e dos frutos da árvore, por isso o nome popular, pau-de-tucano

Vochysia tucanorum

Pau-de-tucano, rabo-de-tucano, rabo-de-arara, amarelinho, fruta-de-tucano, cinzeiro, pau-doce, casca-doce, vinheiro, vinheiro-de-minas, vinheiro-do-campo

Família *Vochysiaseae*

A árvore ornamental é típica das matas primárias e dos cerrados do Rio de Janeiro, de São Paulo, do Paraná, de Minas Gerais, de Goiás, do Mato Grosso e do Mato Grosso do Sul. A espécie varia de 6 m a 15 m de altura e tem tronco de cerca de 40 cm de diâmetro, recoberto por casca grossa e cinzenta, que se solta em pequenas lascas. Em matas abertas, a árvore fica mais alta, em matas fechadas, forma grandes aglomerações e adquire porte um mais baixo.

A copa larga e compacta do pau-tucano é formada por folhas de cerca de 8 cm de comprimento por 3 cm de largura que crescem em verticilo, como nas outras espécies do gênero. Floração e frutificação também são parecidas com as de outras *Vochysia*. Tucanos e araras adoram se alimentar das pétalas das flores e das sementes dos frutos, o que originou os nomes populares da espécie, pau-tucano, rabo-de-tucano... A florada ocorre entre dezembro e março e a frutificação a partir do mês de agosto, conforme o índice pluviométrico do ano.

O pau-tucano se propaga por sementes que demoram até 2 meses para brotar, a taxa de germinação é baixa. Ele se desenvolve em vários tipos de solo e devia ser mais utilizada no paisagismo.

Vouacapoua americana

Acapu, acapu-preto, angelim-pitangueira, angelim-da-folha-grande, teca-brasileira

Família *Leguminosae*

A madeira durável e resistente da *Vouacapoua americana* é considerada uma das mais especiais da amazônia. Ela é castanho-escura, quase negra, e repleta de estrias de coloração variada quando cortada. Por isso, o acapu é muito utilizado na produção de peças artesanais e de marcenaria de luxo - tacos, folhas para pisos, moveis –, muitas vezes combinado com a madeira do pau-amarelo (*Euxylophora paraensis*) e do pau-roxo (*Peltogyne lecointei*). Seu uso também é comum na construção civil e naval.

Provavelmente o centro de origem da árvore é o Pará, mas ela também é encontrada em quantidade no Amazônas, no Amapá e no Maranhão. Fora do Brasil, a espécie está nas Guianas e no Suriname. Seu habitat são as áreas de terras firmes e de matas primarias, com terreno argilosos ou à beira de rios. O povo da Amazônia conta que o jabuti sobrevive a qualquer árvore que cai sobre ele, pois ela apodrece antes de ele morrer. A exceção é o acapu, que demora demais para se decompor e, por isso, mata o jabuti.

A árvore de vida longa mede de 25 m a 35 m de altura e tem tronco de até 90 cm de diâmetro, ereto, cilíndrico e com depressões, recoberto por casca cinza-escura que se solta em pequenas placas. A copa grande e aberta pode ser vista por cima de muitas outras árvores e é formada por folhas compostas, imparipinadas com cinco pares de folíolos opostos, de cerca de 13 cm de comprimento por cerca de 6 cm de largura, lisos na parte superior e levemente pilosos na inferior. Com estria central aparente e ápice acuminado, a folhagem é presa por longos pecíolos.

A floração do acapu é ornamental e destaca ainda mais a copa no meio na mata. As flores amarelas se formam em grandes panículas terminais e atraem uma grande quantidade de insetos e aves que colaboram na polinização. No estado do Pará, a árvore floresce entre os março e abril e a frutificação ocorre entre outubro e dezembro. Os frutos são drupas-obovaladas, de cor ferriginea e com pilosidade macia, que se abrem naturalmente, expondo uma semente grande, lisa e marrom. Ao caírem no chão da floresta, os frutos servem de alimento a diversos animais que colaborando com a disperção.

O acapu se propaga por sementes que devem ser plantadas na sombra. Elas brotam em cerca de 15 dias, a taxa de germinação é alta e o cultivo também deve ocorrer em local sombreado.

A árvore amazônica mede até 35 m de altura e tem frutos obvalados e pesados, para despencarem lá do alto

As folhas verde-claras do acapu são palmadas, a madeira é empregada para confecção de objetos e móveis de luxo. Devido ao grande porte, a espécie desenvolve depressões – que não são sapopemas – maiores que os homens

Portas-joias feito com a madeira escura e nobre do acapu.

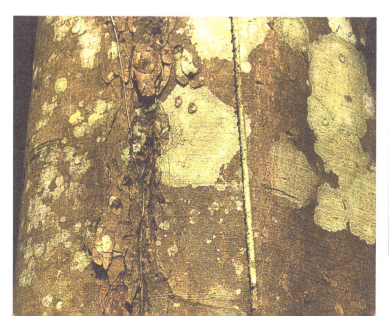

Silvestre Silva   **183**

Zanthoxylum rhoifolium

Mamica-de-porca, mamica-de-cachorra, mamiqueira, pau-de-cachorro, tamanqueira, tamanqueira-de-espinho, tambatarão, tambatari, tambotari, tembatari, tinguaciba

Família Rutaceae

Embora possa ser encontrada em todo o território nacional, a espécie é mais frequente na região sudeste. Com porte de 7 m a 15 m e desenvolvimento lento, ela devia ser mais explorada no paisagismo urbano. Ainda mais, porque tem aspectos ornamentais e curiosos.

O tronco do *Zanthoxylum rhoifolium* tem até 50 cm de diâmetro e é recoberto por casca cinza-esbranquiçada repleta de espinhos. Daí, o nome popular mamica-de-porca. As folhas são alternas, compostas, imparipinadas, com 7 a 15 folíolos lisos, elípticos, de ápice acuminado e 4 cm a 8 cm de comprimento por cerca de 2,5 cm de largura. Dois detalhes interessantes: a folhagem apresenta de um a três acúleos – um tipo de espinho na parte inferior – e aroma característico ao ser macerada.

As flores são pequenas branca-esverdeadas e surgem em grande quantidade em panículas, na parte terminal dos ramos, atraindo abelhas e outros insetos que colaboram na polinização. Os frutos globosos surgem em cachos e se destacam na árvore quando ficam vermelhos ao amadurecer. Depois, eles secam, tornam-se negros e se abrem naturalmente para expor ao vento sementes de cerca de 2 mm de diâmetro, redondas lisas, negras e brilhantes. No Sudeste e no Sul, a florada ocorre entre agosto e novembro e os frutos amadurecem de fevereiro a março. Em outras regiões, a época varia de acordo com o índice pluviométrico do ano.

A mamica-de-porca se propaga por sementes que demoram até 60 dias para brotar. A taxa de germinação é baixa e o crescimento da muda lento.

Uma curiosiade: folhas, cascas e raizes têm uso medicinal. As partes também são utilizadas como antiofídico.

Quando maduros, os frutos se abrem para expor as sementes negras ao vento

A árvore de forma harmoniosa é repleta de espinhos, por isso, apelidos como tamanqueira-de-espinho e pau-de-cachorro. Os frutos surgem em cachos

Silvestre Silva

A casca grossa, do tipo cortiça protege a árvore do fogo. As folhas são macias e com nervuras aparentes. O nome popular bolsa-de-carteiro, refere-se ao formato do fruto quando aberto, que é muito utilizado na confecção de artesanatos

Zeyheria tuberculosa

Bolsa-de-pastor, saco-de-carneiro, bucho-de-carneiro, bucho-de-boi, camará-açu, bordão-de-velho, velame-do-mato, ipê-cascudo, ipê-preto, ipê-tabaco, ipê-cabeludo, ipê-cumbuca

Família *Bignoniaceae*

Os diversos nomes populares comprovam a ampla dispersão da *Zeyheria tuberculosa*. Ela pode ser encontrada nas matas primárias e secundárias e no entorno dos cerrados do Nordeste ao Espírito Santo, no Sudeste e no Planalto Central. Alguns dos apelidos se referem aos ipês porque a espécie é da mesma família das famosas árvores floríferas, a das *Bignoniacea*. Os outros termos dizem respeito à aparência incomum dos frutos.

A bolsa-de-pastor mede de 15 m a 25 m de altura e tem tronco de até 70 cm de diâmetro, recoberto por casca espessa – de 2 cm a 5 cm –, do tipo cortiça, que protege a árvore de possíveis incêndios. A copa se forma a cerca de 1,5 m do solo, é aberta e tem folhas compostas e digitadas, com folíolos com 5 cm a 15 com de comprimento – ferrugíneos quando jovem –, formato elíptico e nervuras bem delineadas. A folhagem surge de pecíolo longo, de até 30 cm de comprimento, é macia, lisa, com face inferior pilosa e com coloração mais clara.

As flores medem apenas 2 cm de comprimento, mas surgem em grande quantidade durante o verão, no Sudeste. Elas são marrom-claras na parte externa e amarelo-gema na interna. A frutificação nem sempre é intensa. Os frutos são cápsulas grandes e duras com pilosidade cor de creme que lhe confere aspecto diferenciado. Eles se abrem naturalmente em duas partes para expelir sementes leves, com membrana transparente que facilita a dispersão pelo vento. Os frutos costumam amadurecer de julho a setembro e são utilizados em artesanatos.

A espécie se propaga por sementes que demoram cerca de 15 dias para brotar. A taxa de germinação é alta. O plantio deve ser feito na sobra e a muda costuma se desenvolver rapidamente.

Existe um arbusto muito parecido com a bolsa-de-pastor: a *Zeyheria digitalis*. Ela é uma espécie do cerrado brasileiro, com folhagem e frutos idênticos, mas menores. Já as flores não são nada parecidas.

O apelido da espécie, saco-de-carneiro, refere-se ao formato do fruto piloso

A espécie é da família dos floríferos ipês. Dái, apelidos como ipê-cascudo, ipê-preto, ipê-tabaco. Sua florada é bonita, mas não chega aos pés da dos seus parentes

Silvestre Silva

Os Sertões
Euclides da Cunha

"Têm o mesmo caráter, os juazeiros, que raro perdem as folhas de um verde intenso, adrede modeladas às reações vigorosas da luz. Sucedem-se meses e anos ardentes, empobrece-se inteiramente o solo aspérrimo. Mas, nessas quadras cruéis, em que as soalheiras se agravam, às vezes, com os incêndios espontaneamente acesso pelas ventanias atritando rijamente os galhos secos e estonados sobre o depauperamento geral da vida, em roda, eles agitam as ramagens virentes, alheios as estações, floridos sempre..."

Juazeiro
Luiz Gonzaga e
Humberto Teixeira

"Juazeiro, juazeiro
Me arresponda, por favor
Juazeiro, velho amigo,
Onde anda o meu amor
Ai, juazeiro
Ela nunca mais voltou
Ai, juazeiro
Onde anda meu amor,
Juazeiro, não te lembra
Quando o nosso amor nasceu
Toda tarde tua sombra
Conversava ela e eu
Ai, juazeiro
Como dói a minha dor
Diz, juazeiro
Onde anda o meu amor
Juazeiro, seja franco,
Ela tem um novo amor,
Se não tem, porque tu choras
Solidário à minha dor
Ai, juazeiro
Não deixe assim roer,
Ai, juazeiro
Tô cansado de sofrer
Juazeiro, meu destino
Tá ligado, junto ao teu
No teu tronco tem dois nomes,
Ela mesmo que escreveu
Ai, juazeiro
Eu num guento mais roer,
Ai, juazeiro
Eu prefiro ate morrer.
Ai, juazeiro..."

Índice de nomes populares do volume 3

A

Abacateiro-do-mato 38
Abobreira... 87
Acaíba 112
Acajá.. 112
Acapu 180
Acapu-preto 180
Achuá 86
Aguano 128
Ajuba 8
Alambá-açu 64
Aldrago.. 76
Aleluia ....106 / 107
Aleluia-amarela 107
Alfarobo... 87
Almécega 67
Almecegeira-de-cheiro 67
Almecegueira 67
Amarante 31
Amarelinha 107
Amarelinho..107 /160 / 178
Ambaúva-mansa ....88 / 90
Ambu 116
Amêndoa-brava... 160
Amendoim 34
Amendoim-da-mata... 118
Amendoim-de-bugre.. 118
Anacauita.. 92
Anani... 132
Angá.. 102
angá... 99
Angelim-bolota 28
Angelim-da-folha-grande 180
Angelim-pitangueira 180
Angelim-ripa 14
Angelim-saia 28
Apareiba 82
Araçá-d'agua 161
Arapacu 99
Araputanga 128
Arara-pitiú 28
Araticum-do-brejo 154
Ariavá 79
Aroeira... 94
Aroeira-branca 94
Aroeira-da-praia 94
Aroeira-do-campo 94
Aroeira-mansa 92
Aroeira-mole 92
Aroeira-pimenteira 94
Aroeira-salsa 92
Aroeira-vermelha... 94
Árvore-da-chuva 87
Árvore-da-cigarra... 107
Árvore-da-goma 177
Árvore-do-sabão.. 88
Atambuaçu 64
Avaguaçu 154

B

Bacuri 50

Bacuri-grande 50
Bacuriba... 50
Bacurubu 98
Bacuruva 98
Baguaçu 154
Bajão... 26
Banana-de-papagaio... 126
Bandarra 96
Banha-de-galinha.. 126
Barbatimão 124
Barbatimão-do-amazonas...................................... 125
Barbatimão-verdadeiro 124
Bela-sombra 44
Bicuíbaçu 154
Biguazeiro... 87
Bigueiro.. 87
Birosca.. 98
Boloeiro.. 28
Boloteiro... 28
Bolsa-de-pastor 184
Borãozinho-roxo.. 124
Bordão-de-velho.. 184
Bordão-velho 87
Breu 67
Breu-branco.. 67
Breu-branco-verdadeiro... 67
Bucho-de-boi 184
Bucho-de-carneiro... 184
Buscuaré 99

C

Cabo-verde 106
Cacao 162
Cacao-selvagem 18
Cacau.. 162
Cacau-selvagem-do-brasil 16
Cacaueiro.. 162
Cacauí... 166
Cacheta-amarela... 99
Cacheta-preta... 99
Café-de-jacu 81
Cajá 112
Cajá-mirim 112
Cajá-miúdo 112
Cajá-pequeno 112
Cajazeiro... 112
Camará-açu 184
Cambucá 62
Cambuim... 160
Camundongo 125
Canadi 132
Canafístula... 34
Candeia 48
Canela-amarela.. 8 / 10
Canela-bicha 11
Canela-branca 8
Canela-cheirosa 12
Canela-da-mata-ciliar 10
Canela-da-várzea.. 8
Canela-de-broto 13
Canela-de-folha-grande 11

192 ÁRVORES NATIVAS DO BRASIL I VOLUME 3

Canela-de-imbuia 13
Canela-do-brejo ....8 / 65
Canela-do-mato 10
Canela-do-ribeirão 10
Canela-dura 11
Canela-fedorenta ....8 / 11
Canela-ferrugem 11
Canela-funcho 12
Canela-garuva 11
Canela-grande 12
Canela-miúda 10
Canela-nhoçara 8
Canela-parda ....12 / 14
Canela-pinho 11
Canela-preta 11
Canela-sassafrás 12
Canela-siva 11
Canoé-de-botão 160
Canudeiro 107
Canuto-de-pito 107
Canxi 22
Canxim 22
Canzé 125
Caobi 107
Caobi-preto 107
Capitão 160
Capitão-do-cerrado 160
Capitão-do-campo 160
Caraibeira 138
Carolina 18
Casca-da-virgindade 124
Casca-danta 81
Casca-doce ....177 / 178
Casca-preciosa 12
Casco-de-jacaré 46
Cássia 104
Cássia-aleluia 107
Cássia-amarela 107
Castanha-da-água 16
Castanha-das-guianas 16
Castanheira-das-guianas 18
Cata-vento 39
Cataguá 54
Caubi 125
Cebolão 44
Ceboleiro 44
Cedraí 128
Cedrorana ....128 / 176
Cega-machado 42
Ceibo-de-água 16
Cerne-amarelo 160
Chicha 118
Chichá-do-cerrado 118
Chichá-do-norte 118
Cinco-folhas-campo 138
Cinzeiro ....79 / 178
Coataquisauá 32
Coataquisauá-vermelho 32
Cobí 107
Cobí-preto 107
Coração-de-negro 65
Coronha 14
Cuipeúna 170
Cupuaçu 164

D

Diadema 122

E

Embiruçu 68
Embitité 72
Embu 116
Escorrega-macaco 32
Espinheiro 47
Esponja 122
Esponja-de-ouro 122

F

Falsa-espinheira-santa 22
Farinha-seca 34
Fava-bolota 28
Fava-paricá 96
Faveira ....26 / 34 / 125
Faveira-arara-tucupi 26
Faveira-grande 26
Faveira-parquia 28
Faveiro 34
Favinha 125
Fedegoso 106
Fedegoso-do-mato ....104 / 106
Feijão-cru 87
Ficheira 98
Flor-da-amizade 122
Folha-larga 54
Folheiro 74
Fruta-de-guará 110
Fruta-de-lobo 110
Fruta-de-sabão 88
Fruta-de-tucano 178

G

Garapivu 98
Goarapovil 30
Goma-da-lagoa-santa 177
Gomeira 177
Gomeira-de-minas 177
Grão-de-porco 42
Guabira 30
Guaiuvira 30
Guajubira 30
Guajuvira 30
Guanandi 132
Guananin-vermelho 132
Guapiruvu 98
Guapuruvu 98
Guapuruvu-da-amazônia 96
Guarabu 31
Guarajuba ....30 / 158
Guarambá 110
Guarango 26
Guarapaiba 82
Guarapuvu 98
Guarucaia 34

I

Ibacori 50
Iibirá 34
Ibiraçu 68
Ibixuma 106

Ichuá.. 86
Imbaúba-de-vinho 66
Imbaubarana 88
Imbirité... 72
Imbiruçu 68
Imbu 116
Imbuia 13
Imbuia-amarela 13
Imbuia-clara 13
Imbuia-escura 13
Imbuia-lisa 13
Imbuia-parda 13
Imbuia-preta 13
Imbuzeiro 116
Ingá-bravo 102
Ingá-ferro 102
Ipê-amarelo ....152 / 136 / 140
Ipê-amarelo-da-serra 136
Ipê-amarelo-do-campo 138
Ipê-branco 149
Ipê-branco-da-serra 149
Ipê-branco-do-campo 149
Ipê-branco-do-cerrado 149
Ipê-cabeludo 184
Ipê-cascudo .... 138 / 184
Ipê-coração 65
Ipê-cumbuca 184
Ipê-da-serra 136
Ipê-de-minas .... 140 / 148
Ipê-do-campo 138
Ipê-do-cerrado .... 138 / 152
Ipê-do-morro 140
Ipê-mandioca 136
Ipê-ouro 136
Ipê-pardo 152
Ipê-paulista 140
Ipê-preto 184
Ipê-purpura 144
Ipê-rosa 148
Ipê-róseo 148
Ipê-roxo 146
Ipê-roxo-de-bola 146
Ipê-roxo-de-sete-folhas 146
Ipê-tabaco 184
Ipê-vermelho 144
Ipê-violeta 144
Ipês 134

J

Jaboticaba 58
Jaburicaba-rajada 58
Jabuticaba 58
Jabuticaba-branca 57
Jabuticaba-coroada 58
Jabuticaba-de-cabinho 58
Jabuticaba-de-coroa 58
Jabuticaba-de-penca 58
Jabuticaba-graúda 58
Jabuticaba-miúda 58
Jabuticaba-pingo-de-mel 58
Jabuticaba-sabará 58
Jabuticatuba 58
Jacarandá-amarelo 56
Jacarandá-de-banana 126
Jacarandá-de-sangue 126

Jacarandá-do-litoral 56
Jacarandá-do-mato-grosso.............................. 65
Jacaré 46
Jacatirão 170
Jacatirão-de-joinvile 170
Jacatupe 54
Jasmim 39
Jasmim grado 81
Jasmim-catavento 39
Jasmim-pipoca 39
Jequiri 88
Jequiriti 88
Jequitiguaçu 88
Joá... 186
Juá.. 186
Juazeiro 186
Juerana 28
Jundiaí 80
Jurema-vermelha 28

L

Lapacho 65
Leiteira 39
Leiteira-de-espinho 22
Leiteira-dois-irmãos 39
Leiteiro 39
Lobeira 110

M

Magnólia-do-brejo 154
Mamangá 106
Mamica-de-cachorra 182
Mamica-de-porca 182
Mamiqueira 182
Mamorana 16
Manacá-da-serra 170
Mandioqueira-de-folha-áspera 78
Mandioqueira-de-folha-grande 78
Mandovi 118
Mandubi 118
Manduí 106
Manduirana 106
Manduírana 107
Manduírana-de-folha-mole 107
Mangolô 54
Mangue-bravo 82
Mangue-de-raiz 82
Mangue-vermelho 82
Mapati 66
Maperoá 74
Maria-mole 44
Marmelinho-de-macaco 81
Mata-olho 22
Mogno 128
Mogno-brasileiro 128
Monguba .... 16 / 72
Munguba 72
Mussambê 160
Muzé 125

N

Nó-de-porco 42
Novateiro 172
Novateiro-de-mato-grosso 172

194 ÁRVORES NATIVAS DO BRASIL I VOLUME 3

O

Oanani 132
Oiteira 48
Olho-de-boi 14
Olho-de-cabra 14
Ombu 116
Ombuzeiro 116

P

Pacová-de-macaco 126
Paina-amarela 68
Paineira 68
Paineira-de-cuba 16
Paineira-rosada 68
Pajurá-da-mata 24
Pajurá-grande 24
Pajurá-pedra 24
Para-tudo-do-campo 138
Para-tudo-do-cerrado 138
Paratudal 138
Paricá 96
Paricá-da-amazônia 96
Paricá-da-terra-firme 96
Paricá-grande 96
Paricá-grande-da-mata 96
Pariúva 99
Passariúba 99
Passariúva 99
Passuaré 99
Pataqueira 98
Pau-amendoim 107
Pau-andrade 38
Pau-breu 132
Pau-cachimbo 107
Pau-candeia 48
Pau-cigarra 107
Pau-d'arco 140
Pau-d'arco-amarelo 152
Pau-d'arco-rósea 148
Pau-d'arco-roxo 146
Pau-de-arara 28
Pau-de-bicho 160
Pau-de-boia 118
Pau-de-bolo 54
Pau-de-cachorro 182
Pau-de-cigarra 107
Pau-de-cortiça 118
Pau-de-flor 170
Pau-de-formiga 172
Pau-de-gangalha 87
Pau-de-goma 177
Pau-de-novato 172
Pau-de-pito 107
Pau-de-rosas 42
Pau-de-sabão 88
Pau-de-santo-inácio 14
Pau-de-tucano 178
Pau-doce 178
Pau-fava .... 106 / 107
Pau-jacaré 46
Pau-palheta 154
Pau-pente 54
Pau-pereira 54
Pau-pereira-amarelo 54
Pau-rei 74

Pau-ripa 14
Pau-rosa 42
Pau-roxinho 31
Pau-roxo 31
Pau-roxo-da-várzea 31
Pau-santo 76
Pau-terra 79
Pau-terra-da-folha-grande 79
Pau-terra-da-mata 80
Pau-terra-do-campo 79
Pau-terra-do-cerrado 79
Pau-terra-jundiaí 80
Pau-terra-macho 79
Pau-vidro 76
Paud'arco-amarelo 140
Pé-de-anta 118
Pelada 161
Pereira 54
Pereira-vermelho 54
Pereiro 54
Periquita-cheiro 92
Pertinga 149
Peúva 146
Pimenteira 94
Pimenteira-rosa 94
Pincel 122
Pinha-da-mata 154
Pinha-do-brejo 154
Pinheirinho 64
Pinheiro-brabo 64
Pinheiro-bravo 64
Pinheiro-do-brejo 154
Pinheiro-do-mato 64
Pinheiro-nacional-bravo 64
Pinho-bravo 64
Pinho-cuiabano .... 26 / 96
Piruxinga 149
Pitomba 155
Piúva 146
Piúva-amarela 152
Piúva-branca 149
Piúva-da-folha-larga 148
Piúva-da-mata 148
Piúva-do-campo 146
Piúva-do-pantanal 146
Piúva-preta 148
Piúva-roxa .... 146 / 148
Piuxinga 149
Pracaxi 36

Q

Quaresma 167
Quaresmeira 167
Quaruba 176
Quaruba-cedro 176
Quaruba-verdadeira 176
Quebra-facão 42

R

Rabo-de-arara 178
Rabo-de-cutia 122
Rabo-de-tucano 178
Resedá-nacional 42

Silvestre Silva   **195**

S

Sabão-de-macaco 88
Sabão-de-soldado 88
Saboeiro 88
Saboneteiro 88
Sacambu 56
Saco-de-carneiro 184
Salta-martim 88
Samaneiro 87
Sangueiro 76
São-joão 104
Sapateiro 82
Sassafrás 12
Sassafrás-brasileiro 12
Sebastião-de-arruda 42
Sena .... 104 / 106
Sete-cascas 87
Sobrasil 34

T

Tachi 174
Tachi-da-várzea 174
Tachi-preto 174
Tachi-preto 153
Tamanqueira 182
Tamanqueira-de-espinho 182
Tambatarão 182
Tambatari 182
Tambor 125
Tambotari 182
Taperebá 112
Taperibazeira 112
Tararaçu 106
Taxi-pitomba-branco 100
Taxi-preto 153
Taxi-preto-da-folha-grande 153
Taxi-vermelho 100
Teca-brasileira 180
Tembatari 182
Tento 14
Timbó-branco 87
Tingecuia 86
Tinguaciba 182
Tuíra 152
Tumurá 152

U

Uachuá 86
Uanani 132
Umbaúba-de-cheiro 66
Umbaúba-de-vinho 66
Umbu 116
Umbu-do-sul 44
Umbuia 13
Umbuzeiro 1116
Uva-da-amazônia 66
Uva-da-mata 66
Uxirana 86

V

Vacá 22
Vanandi 132
Varjão 26
Velame-do-mato 184

Vinhático 48
Vinhático-amarelo 48
Vinhático-castanho 48
Vinhático-do-campo 48
Vinhático-do-mato 48
Vinhático-rajado 48
Vinhático-testa-de-boi 48
Vinheiro .... 177 / 178
Vinheiro-de-minas .... 177 / 178
Vinheiro-de-minas 177
Vinheiro-do-campo .... 177 / 178
Violeta 31
Visgueiro 28

X

xixá 118

Índice de nomes científicos do volume 3

M

Magnolia ovata 154

N

Nectandra lanceolata 8
Nectandra nitidula 10
Nectandra reticulata... 11

O

Ocotea odorífera.. 12
Ocotea porosa.. 13
Ormosea arborea 14
Olho-de-cabra 16

P

Pachira aquatica.. 16
Pachira insignis 18
Pachystroma longifolium 22
Parinari montana 24
Parkia multijuga.. 26
Parkia pendula 28
Patagonula americana 30
Peltogyne lecointei 31
Peltogyne paniculata... 32
Peltophorum dubium 34
Pentaclethra macroloba 36
Persea willdenowii 38
Peschiera fuchsiaefolia 39
Physocalymma scaberrimum 42
Phytolacca dioica 44
Piptadenia gonoacantha.. 46
Pithecellobium diversifolium 47
Platymenia reticulata 48
Platonia insignis 50
Platycyamus regnellii 54
Platymiscium floribundum 56
Plinia aureana 57
Plinia phitrantha.. 57
Plinia cauliflora.. 58
Plinia edulis.. 62
Podocarpus lambertii 64
Poecilanthe parviflora 65
Pourouma cecropiifolia 66
Protium heptaphyllum 67
Pseudobombax longiflorum 68
Pseudobombax munguba 72
Pterocarpus violaceus 74
Pterygota brasiliensis 76

Q

Qualea belemnensis.. 78
Qualea grandiflora... 79
Qualea jundiahy.. 80
Qualea multifolra subsp. Pubescens.................... 80

R

Rauvolfia sellowii... 81
Rhizophora mangle 82
Ruizterania belemnensis 78

S

Sacoglottis guianensis 86

Samanea tubulosa.. 87
Sapindus saponaria 88
Schinus molle 92
Schinus terebinthifolia... 94
Schizolobium amazonicum 96
Schizolobium parahyba 98
Sclerolobium denudatum....................................... 99
Sclerolobium melanocarpum 100
Sclerolobium melinonii 100
Sclerolobium rugosum 102
Senna cana 104
Senna macranthera 106
Senna multijuga... 107
Solanum lycocarpum 110
Spondias mombin... 112
Spondias tuberosa 116
Sterculia apelata 118
Sterculia striata 118
Stifftia chrysantha 122
Stryphnodendron adstringens 124
Stryphnodendron pulcherium 125
Swartzia langsdorffii 126
Swietenia macrophylla.. 128
Symphonia globulifera.. 132

T

Tabebuia / Handroanthus 134
Tabebuia alba.. 136
Tabebuia aurea 138
Tabebuia chrysotricha 140
Tabebuia gemmiflora 144
Tabebuia heptaphylla 146
Tabebuia impetiginosa 148
Tabebuia roseoalba 149
Tabebuia serratifolia 152
Tabernaemontana hystrix 39
Tachigali myrmercophilla 153
Talauma ovata 154
Talisia esculenta 155
Terminalia acuminata 158
Terminalia brasiliensis 160
Terminalia kuhlmannii 161
Theobroma cacao 162
Theobroma grandiflorum 164
Theobroma speciosum 166
Tibouchina granulosa 167
Tibouchina mutabilis.. 170
Triplaris americana 172
Triplaris weigeltiana 174

V

Vochysia maxima.. 176
Vochysia thyrsoidea 177
Vochysia tucanorum 178
Vouacapoua americana 180

Z

Zanthoxylum rhoifolium 182
Zeyheria tuberculosa.. 184
Ziziphus joazeiro 186

Glossário

A

Acícula – folha diminuta, parecida com agulha. É comum em pinheiros

Acroscópica – refere-se a inflorescências formadas por flores que se abrem sucessivamente, de baixo para cima

Acúleo – estruturas parecidas com espinhos, mas sem vascularização, que se desprendem com facilidade

Acuminado – refere-se a folhas com pontas que se afunilam abruptamente

Alada – refere-se a sementes ou frutos com projeções achatadas que funcionam como uma espécie de asa, permitindo que plainem por certa distância quando levados pelo vento

Alterna – refere-se a folhas que surgem alternadas ao longo dos ramos. Isso acontece porque cada nó de ramo só produz uma folha

Andrógena – flores com estruturas masculinas e femininas. O mesmo que hermafrodita

Anemocoria – fenômeno da dispersão de sementes pelo vento

Arilo – tecido carnoso que envolve alguns tipos de sementes

Axila – encontro entre duas estruturas, como o ramo e o pecíolo das folhas

B

Baixio – parte baixa das proximidades dos rios amazônicos, inundadas ou sujeitas a inundação

Bipinada – folha composta por folíolos que também são compostos

C

Cacho – quando flores ou frutos brotam próximos um dos outros ao longo de um eixo alongado

Caduca – designa uma planta que perde as folhas em determinada época do ano, geralmente na estação de seca

Campanulada – refere-se a flores em forma de sino

Campina – campo de solo arenoso branco com vegetação baixa

Campinarana – campo de solo recoberto por folhas e outras matérias orgânicas, com vegetação pouco maior que a da campina

Capoeira – área com espécies que nascem após a terra ser roçada ou passar por queimadas

Capoeirão – grandes áreas de capoeiras

Catafilo – tipo de folhas reduzidas, geralmente parecidas com escamas, que servem como reservatório de nutrientes

Cerne – parte interna do tronco da árvore

Cerrado – bioma típico de região árida, com severos períodos de estiagem e vegetação característica

Ciliar – vegetação que margeia rios, lagos e mares

Cimeira – inflorescência com uma flor no topo do eixo principal

Composta – refere-se a folhas formadas por um tipo de folhas menores, chamadas de folíolos

Coriácea – folhas com textura de couro; secas e levemente grossas

Cordiforme – refere-se a folhas no formato de coração

D

Dioica – plantas da mesma espécie com flores masculinas e femininas em exemplares separados

Decídua – planta que perde a folha na estação desfavorável ao seu desenvolvimento, geralmente o inverno. O mesmo que caduca

Deiscente – fruto que se abre espontaneamente quando amadurece

Digitada – folhas com folíolos distribuídos em forma de palma

Dossel – parte da floresta formada pela copa das árvores;

Drupa – fruto carnoso e indeiscente, com uma única semente

E

Emergência – broto; primeira saliência na semente

Espata – tipo de folha modificada que envolve folhas ou flores

Espatulada – com o cume arredondado; em forma de espátula

Espiralado – em forma de espiral

Estróbilo – estrutura reprodutora, seca, com tipos de escamas. É comum em gimnospermas

F

Fascículo – inflorescência com duas ou três flores reduzidas, às vezes difíceis de reconhecer

Filiforme – como um fio

Fissurado – refere-se a troncos com fissuras; com rachaduras

Folículo – fruto seco que só se abre quando quebrado

Folíolo – folhas diminutas que compõem as folhas propriamente ditas

Fuste – o mesmo que tronco

G

Gimnosperma – espécies ancestrais, com sementes nuas; desprovidas de polpas e de pericarpo

H

Hidrocória – dispersão das plantas pelo leito de rios e mares e outros fluxos de água

I

Indeiscente – refere-se aos frutos que não se abrem naturalmente

Imparabinada – folhas com um único folíolo na parte oposta ao pecíolo

Igarapé – leitos que nascem na mata e deságuam em rios

L

Lanceolada – folha em forma de lança

M

Mangue – área lamacenta com árvores com raízes de escoras

Mata Atlântica – floresta tropical sujeita ao vento úmido do oceano, de vegetação heterogênea

Mata de galeria – áreas, inundáveis ou não, com vegetação de folhagem persistente, que geralmente seguem o leito da água, em locais onde não existem floretas

Melífera – que produz mel

Monospermo – diz-se dos frutos com apenas uma semente

O

Oblonga – refere-se a folhas com forma de lâmina; as bordas são paralelas e no ápice se estreitam

P

Paina – conjunto de fibras sedosas que envolvem as sementes de diversas plantas

Panícola – inflorescência formada por um eixo principal de onde brotam rancemos

Paripinada – refere-se a folhas compostas por folíolos paralelos, que terminam com um par deles

Pecíolo – pequeno eixo que prende as folhas aos ramos

Pedúnculo – o cabo da flor ou da inflorescência

Pentâmera – refere-se a flores com cinco pétalas

Pericarpo – partes que compõem o interior do fruto

Pétala – partes alongadas e, geralmente, coloridas das flores

Piloso – estrutura recoberta por pelos

Pina – segmento central e longo que compõem uma folha

Pinada – folha em forma de pena, com nervuras verticais que se encontram na nervura central das folhas

Pioneira – espécie resistente que inicia a colonização de uma área

Pixídio – fruto seco que se abre no topo, como se tivesse uma tampa

Pseudofruto – parte carnuda de frutos secos, que atrai os dispersores

R

Racemo – inflorescência com flores ao longo de um eixo central
Raque – o eixo principal de folhas e flores
Restinga – área de areia ou terra que avança pelo mar

S

Sâmara – um tipo de asa dos frutos que ajuda a serem levados pelo vento. Facilita a disseminação da espécie
Sapopema – raiz aérea grande que dá sustentação a algumas árvores
Semidecídua – planta que perde parcialmente as folhas em época que não lhe favorece, geralmente o inverno
Sépala – estrutura parecida com as pétalas, mas que fica mais próxima das folhas e, em alguns casos, pode fazer a fotossíntese
Serriada – folhas com borda que parece a lâmina de uma serra
Séssil – refere-se a frutos, flores e folhas que não têm pecíolo, se ligam diretamente nos galhos ou qualquer outro eixo

Suberoso – tronco encoberto com casca formada por células mortas, parecido com cortiça
Sulcado – tronco com marcas verticais

T

Tabuleiro – áreas planas formadas por vegetação típica de outros ecossistemas, principalmente caatinga
Tomentoso – parte da planta encoberta por pelos curtos e rígidos
Triquilia – dilatação carnosa, macia e pilosa do pecíolo das folhas

V

Valva – refere-se a frutos que se abrem em segmentos, em valvas
Vexilo – pétala mais chamativa que nasce acima de outras pétalas

Referências

BACKES, PAULO, BRUNO IRGANG. Mata Atlântica as árvores e a paisagem. Porto Alegre. Paisagem do Sul, 2004.

BRAGA, R. Plantas do Nordeste, especialmente do Ceará. Fortaleza: Esam, 1976.

BRUNO, Hernani. Equipamentos, usos e costumes da casa brasileira. Vol. 1: Alimentação. Museu da Casa Brasileira, 2000.

CARVALHO, J.E.U. de; Muller, C. H.; NASCIMENTO, W. M.O.do. Classificação de sementes de espécies frutíferas nativas da Amazônia de acordo com o comportamento no armazenamento. Belém: Embrapa CPATU, 2001. Comunicado Técnico 60.

Cavalcanta P.B. Frutas Comestíveis da Amazônia. Vols. l, ll, lll, Belém: MPEG,1979.

CORRÊA M.P. Dicionário de Plantas Úteis. Rio de Janeiro:IBDF, 1975. 6 vols.

CUNHA, E. da. Os Sertões. 9ª ed. São Paulo. Cultrix, 1993

DANIEL, JOÃO, padre, Tesouro descoberto no máximo rio amazonas, v.1, Rio de Janeiro: Contraponto, 2004.

FERREIRA, GRACIALDA COSTA; HOPKINS, MICHAEL J.G.: Manual de identificação botânica e anatômica – angelim. Belém: Embrapa Amazônia Oriental, 2004.

GONÇALVES, EDUARDO GOMES, HARRI LORENZI: Morfologia Vegetal. Instituto Plantarum de Estudos da Flora, 2ª edição, 2011.

HOENE, F.C. Frutas Indígenas. São Paulo: Instituto de Botânica de São Paulo, 1979.

JOLY, A.B. Botânica – Introdução a taxonomia vegetal. São Paulo: Nacional, 1985.

LORENZI, H. Árvores Brsileiras: manual de identificação e cultivo de plantas arbóreas nativas do Brasil. São Paulo: Plantarum, 1998, 3 vols.

LORENZI, H. et al. Frutas brasileiras exóticas cultivadas: São Paulo: Instituto Plantarum de Estudos da Flora, 2006.

LOUREIRO,A.A; et al. Essências Madeireiras da Amazônia. Manaus: Inpa, 1979. 2 vols.

MAIA, GERDA NICKEL Caatinga: árvores arbustos e suas utilidades Fortaleza,D&Z 2004

MENDONÇA, MIRIAM PIMENTEL, Guia Ilustrado de Árvores da Mata Atlântica de Minas Gerais: São Paulo, Empresa das Artes, 2008

OLIVEIRA, ALEXANDRE ADALARDO DE; DALLY, DOUGLAS C. Coordenação Draúzio Varell. Florestas do Rio Negro. São Paulo: Campanhia das Letras: Unip, 2001

PESCE,C. Oleaginosas da Amazônia. Belém: Oficina Gráfica da Revista Veterinária,1941.

POTT, A,; POTT V.J. Plantas do Pantanal. Corumbá (MT): Centro de Pesquisa Agropecuária do Pantanal, Embrapa-SPI, 1994.

RIBEIRO DA SILVA, J.E.L. et al. Flora da Reserva Ducke: Guia de identificação das plantas vasculares de uma reserva de terra firme na Amazônia. Manaus.INPA/DFID 1999.

RIBEIRO, J.F.et al. Cerrado ecologia e flora. Brasília: Embrapa publicações, 2008.

SEMIRAMIS, PEDROSA DE ALMEIDA, et al. Cerrado. Embrapa, Brasília, 1998.

_____SILVA, S. Frutas da Amazônia Brasileira. Revisão científica José Edmar Urano de Carvalho. São Paulo Metalivros: 2011

_____Árvores da Amazônia.Texto Noemi Vianna Martins Leão. SãoPaulo:Empresa das Artes, 2006.

SOUZA, M.H. Madeiras tropicais brasileiras. Brasília: Ibama, 1997.

VIEIRA, ROBERTO FONTES, et al. Frutas Nativas da Região Centro-Oeste. Brasília Embrapa Publicações, 2010.

ZOGBI, MARIA DAS GRAÇAS BICHARA: Aroma de Flores da Amazônia, Museu Paraense Emilio Goeldi, Belém 2000.

Agradecimentos

Ailton Andrade, Alberico Azevedo, Alexandre Soares, Carlos A. Cid Ferreira, Christianne Muller, Claudionor Rosa de Oliveira (Nôzinho), Danilo Angrimani, Dora Dimand, Domingos Sanches Pena, Edla Azevedo, Eliane Azevedo, Elizabeth Azevedo Andrade, Francisco Leitão, Gisela Pelissari, José Fonseca (Juca), José Edmar Urano de Carvalho, José Raimundo de Pina, Jussara Angrimani, Manoel de Souza, Maria Luiza de Azevedo, Marlene da Silva Oliveira, Rosângela Azevedo, Sandro Coutinho, Thaysa Coutinho, Teresa Fonseca de Pina.

Embrapa Amazônia Ocidental (Manaus AM)
Embrapa Amazônia Oriental (Belém PA)
Embrapa Cerrados (Planaltina DF)
Embrapa dos Tabuleiros Costeiros (Aracaju SE)
Embrapa Florestas (Colombo PR)
Embrapa Recursos Genéticos e Biotecnologia (Brasília/DF)
ESALQ/USP Escola Superior de Agricultura Luiz de Queiroz Piracicaba (SP)
FAPEAM-Fundação de Amparo à Pesquisa do Estado do Amazonas
Fazenda Citra Dierberger (Limeira SP.)
IBF-Instituto Brasileiro de Florestas
INPA – instituto Nacional de Pesquisas da Amazônia (Manaus AM)
Instituto de Botânica de São Paulo/Reserva Biológica de Mogi Guaçu SP
Instituto de Manejo e Certificação Florestal-IMAFLORA
Instituto Oikos de Agroecologia – (Lorena SP)
IPEF – Instituto de Pesquisas e Estudos Florestais – Piracicaba SP
Jardim Botânico Adolfo Ducke (Manaus AM.)
Jardim Botânico do Instituto Agronômico de Campinas (Campinas SP)
Jardim Botânico-Instituto Inhotim (Brumadinho MG.)
Jardim Botânico de São Paulo
Jardim Botânico do Rio de Janeiro
Museu Paraense Emilio Goeldi (Belém PA)
Parque Villa-Lobos – Secretaria do Meio Ambiente do Governo do Estado de São Paulo
Rede de Sementes da Amazônia/Rede de Sementes do cerrado
Revista Terra da Gente - Grupo EPTV (Campinas SP)
USP- Universidade de São Paulo (São Paulo SP)

Este livro é dedicado à Valentina e Victória Campos Marchi, minhas netas.

Para Andréa Gomes, com carinho.